投資管理

蒲麗娟 侯慧潔 主編

崧燁文化

前　言

近些年來，投資領域經歷了一個快速、深刻、不斷變化和發展的時期，這一發展不僅體現在越來越豐富的金融投資工具方面，也表現在當今科學技術的發展使得許多新的交易策略創新得以付諸實踐。當然，這也離不開理論界相關學術成果的快速發展。投資理論不僅為投資者提供了很多投資理論方面的指導，也給很多金融機構提供了不可或缺的理論模型。

本書將向讀者介紹投資者關注的理論模型與分析工具。主要目的是為投資者的投資行為提供指導，將投資理論運用於實踐。基於上述考慮，本書全面、系統地介紹了現代金融投資理論與模型、證券投資技術等核心內容。

本書內容分為九章，包括金融資產、金融市場、資產類別與金融投資工具、金融投資風險與收益理論、投資組合理論、投資組合模型、證券投資的基本分析和技術分析以及有效市場假說。

這九章內容可以分為四個部分。第一個部分包括第一章、第二章和第三章，主要是關於投資整體環境的概述。第一章金融資產主要介紹金融資產和實物資產的區別，金融資產的分類和特徵。第二章金融市場主要介紹金融的概念、基本要素以及不同的分類方法，其中，重點介紹了三個金融市場，即資本市場、貨幣市場和外匯市場。第三章金融投資工具主要介紹了三個不同市場的金融工具，即資本市場工具、貨幣市場工具和衍生金融工具，其中，重點介紹了兩種資本市場工具，也是我們最常見的兩種投資工具，即股票和債券。第二部分是第四章、第五章和第六章，主要是關於主流投資理論和模型的介紹。第四章金融投資風險與收益理論主要介紹金融投資的風險和收益率的衡量，以及風險與收益之間的關係等。第五章主要介紹投資組合理論，內容包括投資組合的構造與管理，投資組合收益與風險的衡量等。第六章投資組合模型則介紹了幾種著名的投資組合模型，它們是馬科維茨的資產組合選擇模型、資本資產定價模型、單因素模型、多因素模型和套利定價模型，這一章的內容尤為重要，需要重點掌握。第三部分是第七章和第八章，是關於證券投資的基本分析和技術分析的內容。第七章證券投資的基本分析介紹了經濟環境、行業分析和政府政策對基本分析的影響。第八章證券投資的技術分析介紹了幾種典型的技術分析理論和技術分析指標，以及技

術分析方法，具有重要的實踐指導意義。第四部分即第九章，介紹有效市場假說，主要介紹了有效市場假說的產生與發展、有效市場的三個層次及檢驗、有效市場假說的理論意義和實踐意義等。

　　投資管理是一門理論與實踐結合較緊密的課程，書中的一些理論和模型在實踐中已經有了比較廣泛的應用，一些投資分析技術也經得起實踐的檢驗。由於篇幅有限，本書對一些理論和模型的介紹不是很詳細，讀者可結合投資管理相關書籍配套使用。

蒲麗娟　侯慧潔

目 錄

1 金融資產 ……………………………………………………………… (1)
  1.1 實物資產與金融資產 …………………………………………… (1)
  1.2 金融資產的分類 ………………………………………………… (1)
      1.2.1 以公允價值計量且其變動計入當期損益的金融資產 ……… (2)
      1.2.2 持有至到期投資 …………………………………………… (2)
      1.2.3 貸款和應收款項 …………………………………………… (3)
      1.2.4 可供出售金融資產 ………………………………………… (3)
  1.3 金融資產的主要特徵 …………………………………………… (4)
      1.3.1 流動性 ……………………………………………………… (4)
      1.3.2 風險性 ……………………………………………………… (4)
      1.3.3 收益性 ……………………………………………………… (5)

2 金融市場 ……………………………………………………………… (6)
  2.1 金融市場概述 …………………………………………………… (6)
      2.1.1 金融市場的概念 …………………………………………… (6)
      2.1.2 金融市場的基本要素和主要參與者 ……………………… (6)
  2.2 金融市場的分類 ………………………………………………… (9)
      2.2.1 金融市場的不同分類方法 ………………………………… (9)
      2.2.2 主要的金融市場 …………………………………………… (10)

3 資產類別與金融投資工具 …………………………………………… (15)
  3.1 貨幣市場工具 …………………………………………………… (15)
      3.1.1 貨幣市場工具的概念 ……………………………………… (15)
      3.1.2 貨幣市場工具的分類 ……………………………………… (15)
  3.2 資本市場工具 …………………………………………………… (17)
      3.2.1 股票 ………………………………………………………… (18)

3.2.2　債券 …………………………………………………………（20）
　3.3　金融衍生工具 ……………………………………………………（27）
　　3.3.1　金融衍生工具概述 …………………………………………（27）
　　3.3.2　金融衍生工具的特點 ………………………………………（28）
　　3.3.3　金融衍生工具的種類 ………………………………………（29）

4　金融投資風險與收益理論 …………………………………………（33）
　4.1　金融投資風險概述 ………………………………………………（33）
　　4.1.1　風險的概念和特徵 …………………………………………（33）
　　4.1.2　風險的分類 …………………………………………………（34）
　4.2　收益率與風險 ……………………………………………………（37）
　　4.2.1　利率水平 ……………………………………………………（37）
　　4.2.2　不同金融資產的收益特徵（以股票和債券為例）…………（37）
　　4.2.3　不同的收益率與風險 ………………………………………（39）

5　投資組合理論 ………………………………………………………（41）
　5.1　單個證券 …………………………………………………………（41）
　5.2　投資組合的收益和風險 …………………………………………（41）
　　5.2.1　證券投資組合的內涵 ………………………………………（41）
　　5.2.2　投資組合的構造 ……………………………………………（41）
　　5.2.3　投資組合的期望收益 ………………………………………（42）
　　5.2.4　投資組合的方差和協方差 …………………………………（42）
　　5.2.5　證券投資組合管理 …………………………………………（44）

6　投資組合模型 ………………………………………………………（47）
　6.1　馬科維茨的資產組合選擇模型 …………………………………（47）
　6.2　資本資產定價模型 ………………………………………………（50）
　　6.2.1　資本資產定價模型的假設 …………………………………（50）
　　6.2.2　資本資產定價模型概述 ……………………………………（50）
　6.3　單因素模型 ………………………………………………………（54）

   6.3.1 單因素模型的一般形式 ································ (54)

   6.3.2 單因素模型的兩個特徵 ································ (55)

   6.3.3 因素模型和均衡 ···································· (55)

  6.4 多因素模型 ·· (56)

   6.4.1 兩因素模型 ·· (56)

   6.4.2 多因素模型的一般形式 ································ (57)

  6.5 套利定價模型 ·· (57)

   6.5.1 因素證券組合 ······································ (58)

   6.5.2 套利定價理論與資本資產定價模型 ······················ (59)

7 證券投資的基本分析 ·· (62)

  7.1 經濟環境與證券投資 ···································· (62)

   7.1.1 國際經濟環境與證券投資 ······························ (62)

   7.1.2 國內經濟環境 ······································ (63)

  7.2 證券投資的行業分析 ···································· (64)

   7.2.1 行業的市場類型和股票投資 ···························· (64)

   7.2.2 行業的週期性與股票投資 ······························ (65)

   7.2.3 行業的生命週期與股票投資 ···························· (65)

  7.3 政府政策與證券投資 ···································· (67)

   7.3.1 財政政策與證券投資 ·································· (67)

   7.3.2 貨幣政策與證券投資 ·································· (69)

8 證券投資的技術分析 ·· (73)

  8.1 技術分析概述 ·· (73)

   8.1.1 技術分析的概念 ···································· (73)

   8.1.2 技術分析的假設條件 ·································· (74)

  8.2 技術分析理論 ·· (74)

   8.2.1 道氏理論 ·· (74)

   8.2.2 波浪理論 ·· (76)

   8.2.3 信心股價理論 ······································ (78)

8.3 技術分析的主要分析方法 …………………………………… (78)
    8.3.1 K線分析 …………………………………………… (78)
    8.3.2 價量分析 …………………………………………… (84)
8.4 技術指標 ……………………………………………………… (85)
    8.4.1 技術指標概述 ……………………………………… (85)
    8.4.2 技術指標的種類 …………………………………… (86)

9 有效市場假說 …………………………………………………… (97)

9.1 有效市場假說簡介 …………………………………………… (97)
    9.1.1 有效市場假說的產生與發展 ……………………… (97)
    9.1.2 有效市場假說的含義 ……………………………… (99)
    9.1.3 有效市場假說的檢驗 ……………………………… (102)
9.2 市場異象研究 ………………………………………………… (103)
    9.2.1 1月效應 ……………………………………………… (104)
    9.2.2 周末效應 …………………………………………… (105)
    9.2.3 小公司效應 ………………………………………… (106)
9.3 有效市場假說的意義 ………………………………………… (110)
    9.3.1 理論意義 …………………………………………… (110)
    9.3.2 實踐意義 …………………………………………… (110)

1 金融資產

1.1 實物資產與金融資產

實物資產是指經濟生活中所創造的用於生產物品和提供服務的資產，是創造財富和收入的資產，為經濟創造淨利潤。它包括土地、建築物、知識、用於生產產品的機械設備和運用這些資源必需的有技術的工人。實物資產代表一個社會經濟的生產能力，即社會成員創造產品和服務的能力，如土地、建築物、機器以及可用於生產產品和提供服務的知識。

金融資產與實物資產相對應，如股票和債券。金融資產是指一切代表未來收益或資產合法要求權的憑證，亦稱金融工具或證券，是指單位或個人擁有的以價值形態存在的資產，是一種索取實物資產的權利。這些證券並不會直接增強一個經濟體的生產能力，而是代表著持有者對實物資產的索取權，是一切可以在有組織的金融市場上進行交易、具有現實價格和未來估價的金融工具的總稱。金融資產的最大特徵是能夠在市場交易中為其所有者提供即期或遠期的貨幣收入流量。

實物資產為經濟創造淨利潤，而金融資產僅僅確定收入或財富在投資者之間的分配。一方面，它們的本質屬性就根本不同，另一方面兩者的風險轉移能力也有所區別。金融資產具有較好的可分性、同質性和流動性，其持有者可以隨時轉讓手中持有的金融產品，進而轉移了持有該資產的風險；而實物資產流動性較差，投資者很難通過轉移該資產來轉移風險、收回投資份額。

1.2 金融資產的分類

從管理需要的角度，金融資產分為四類：交易性金融資產、持有至到期投資、貸款和應收款項、可供出售金融資產。

從內容來看，金融資產主要包括：股票投資、債券投資、基金投資和應收款項。

從會計處理的角度，我們要求掌握前一種分類。

金融資產的分類與金融資產的計量密切相關。企業應當結合自身業務特點和風險管理要求，將取得的金融資產在初始確認時分為以下幾類：①以公允價值計量且其變

動計入當期損益的金融資產；②持有至到期投資；③貸款和應收款項；④可供出售金融資產。

金融資產的分類一旦確定，不得隨意改變。

1.2.1 以公允價值計量且其變動計入當期損益的金融資產

以公允價值計量且其變動計入當期損益的金融資產，可以進一步分為交易性金融資產和直接指定為以公允價值計量且其變動計入當期損益的金融資產。

（1）交易性金融資產。

滿足以下條件之一的金融資產，應當劃分為交易性金融資產：

①取得該金融資產的目的，主要是為了近期內出售、回購或贖回。例如，企業以賺取差價為目的從二級市場購入的股票、債券和基金等。

②屬於進行集中管理的可辨認金融資產組合的一部分，且有客觀證據表明企業近期採用短期獲利方式對該組合進行管理。在這種情況下，即使組合中有某個組成項目持有的期限稍長也不受影響。

③屬於衍生工具。但是，被指定為有效套期工具的衍生工具、屬於財務擔保合同的衍生工具、與在活躍市場中沒有報價且其公允價值不能可靠計量的權益工具投資掛勾並須通過交付該權益工具結算的衍生工具除外。

（2）直接指定為以公允價值計量且其變動計入當期損益的金融資產。

對於包括一項或多項嵌入衍生工具的混合工具而言，如果不屬於以下兩種情況，那麼企業可以將其直接指定為以公允價值計量且其變動計入當期損益的金融資產或金融負債：第一，嵌入衍生工具對混合工具的現金流量沒有重大改變；第二，類似混合工具所嵌入的衍生工具，明顯不應當從相關混合工具中分拆。

除混合工具以外的金融資產，若直接指定能夠產生更相關的會計信息時，可直接指定為以公允價值計量且其變動計入當期損益的金融資產。

符合以下條件之一，就說明直接指定能夠產生更相關的會計信息：

其一，該指定可以消除或明顯減少由於該金融資產的計量基礎不同而導致的相關利得或損失在確認和計量方面不一致的情況；

其二，企業的風險管理或投資策略的正式書面文件已載明，該金融資產以公允價值為基礎進行管理、評價並向關鍵管理人員報告。

注意：沒有必要刻意區分交易性金融資產與直接指定為以公允價值計量且其變動計入當期損益的金融資產，因為從會計核算科目來看，直接指定為以公允價值計量且其變動計入當期損益的金融資產，都是通過「交易性金融資產」科目核算。衍生金融資產在分類上雖然屬於交易性金融資產，但鑒於它的特殊性，會計上單獨設置「衍生工具」科目來核算，並不放在「交易性金融資產」科目核算。

1.2.2 持有至到期投資

持有至到期投資，是指到期日固定、回收金額固定或可確定，且企業有明確意圖

和能力持有至到期的非衍生金融資產。

持有至到期投資有以下特點：①到期日固定、回收金額固定或可確定；②有明確意圖持有至到期；③有能力持有至到期。

其中，「有明確意圖持有至到期」是指投資者在取得投資時意圖就是明確的，除非遇到一些企業所不能控製、預期不會重複發生且難以合理預計的獨立事件，否則將持有至到期。

存在下列情況之一的，表明企業沒有明確意圖將金融資產投資持有至到期：
①持有該金融資產的期限不確定。
②發生市場利率變化、流動性需要變化、替代投資機會及其投資收益率變化、融資來源和條件變化、外匯風險變化等情況時，將出售該金融資產。但是，無法控製、預期不會重複發生且難以合理預計的獨立事項引起的金融資產出售除外。
③該金融資產的發行方可以按照明顯低於其攤餘成本的金額清償。
④其他表明企業沒有明確意圖將該金融資產持有至到期的情況。

「有能力持有至到期」是指企業有足夠的財務資源，並不受外部因素影響將投資持有至到期。

若變化了的情況表明企業沒有能力將具有固定期限的金融資產投資持有至到期的，應當將其重新分類為可供出售金融資產進行處理。

1.2.3 貸款和應收款項

貸款和應收款項，是指在活躍市場中沒有報價、回收金額固定或可確定的非衍生金融資產。

貸款，是銀行才特有的。對於製造型企業來說，這類金融資產是指貨幣資金和應收款項。貨幣資金，包括庫存現金、銀行存款和其他貨幣資金；應收款項，包括應收帳款、應收票據、應收利息、應收股利、其他應收款、預付帳款和長期應收款7項。

1.2.4 可供出售金融資產

對於公允價值能夠可靠計量的金融資產，企業可以將其直接指定為可供出售金融資產。例如，在活躍市場上有報價的股票投資、債券投資等。如企業沒有將其劃分為前三類金融資產，則應將其作為可供出售金融資產處理。相對於交易性金融資產而言，可供出售金融資產的持有意圖不明確。

企業持有上市公司限售股權且對上市公司不具有控製、共同控製或重大影響的，應將該限售股權劃分為可供出售金融資產。

金融資產分類匯總如表1.1所示。

表 1.1　　　　　　　　　　　金融資產分類匯總

基本分類	以公允價值計量且其變動計入當期損益的金融資產	交易性金融資產	交易性金融資產主要是企業為了近期內出售的金融資產。
		直接指定為以公允價值計量且其變動計入當期損益的金融資產	直接指定為以公允價值計量且其變動計入當期損益的金融資產主要是企業基於風險管理、戰略投資需要等而將其直接指定為以公允價值計量且其公允價值變動計入當期損益的金融資產。
	持有至到期投資		此類金融資產是到期日固定、回收金額固定或可確定，且企業有明確意圖和能力持有至到期的非衍生金融資產。通常情況下，企業持有的、在活躍市場上有公開報價的國債、企業債券、金融債券等，可以劃分為持有至到期投資。
	可供出售金融資產		此類金融資產是初始確認時即被指定為可供出售的非衍生金融資產，以及沒有劃分為持有至到期投資、貸款和應收款項的金融資產。通常情況下，劃分為此類的金融資產應當在活躍市場上有報價，企業從二級市場上購入的有報價的債券投資、股票投資、基金投資等，沒有劃分為以公允價值計量且其變動計入當期損益的金融資產的，可以劃分為可供出售金融資產。
	貸款和應收款項		此類金融資產是在活躍市場中沒有報價、回收金額固定或可確定的非衍生金融資產。通常情況下，一般企業因銷售商品或提供勞務形成的應收款項、商業銀行發放的貸款等，由於在活躍市場上沒有報價，回收金額固定或可確定，從而可以劃分為此類。

1.3　金融資產的主要特徵

1.3.1　流動性

　　金融資產的流動性指的是金融資產可以迅速變現，而同時不受價值上的損失。不同的金融資產有不同的流動性。影響金融資產流動性的因素主要有兩個：第一，金融資產發行的合同或條款，例如商業銀行的活期存款具有高度的流動性，人們可以不用支付額外的費用就可以把活期存款轉換為現金，但是養老基金的要求權責則是完全不流動的，人們只能在退休後才能提取養老金；第二，市場的發達程度，金融市場越發達，金融資產的流動性越強。流動性高的金融資產必須具備兩個條件：一是容易兌現且交易費用低；二是金融資產的市場價值波動幅度要小。金融資產的流動性影響著它的價值，一般來說，在其他變量固定的情況下，金融資產的流動性越高，其價值越高。

1.3.2　風險性

　　金融資產的風險性指的是未來收益的不確定性，通常以未來收益的實際結果與其期望值的偏差來表示。一項金融資產的未來收益的不確定性程度越高，其風險就越大。在現實中，不同的金融資產有不同的風險。投資者投資於金融資產，都期望能在未來有較好的收益，千方百計地避免風險，這裡的風險主要包括違約風險、市場風險、利

率風險等。但值得注意的是，風險並不總意味著損失，實際上風險是中性的。

1.3.3 收益性

金融資產的收益性，用收益率來表示，指金融資產在給定的時間段內給持有者帶來的一定的收益。

金融資產的流動性、風險性和收益性是相互關聯的。其中，流動性與收益性成反比，金融資產的流動性越強，其預期收益也就越低；而收益性與風險性成正比，收益越高的金融資產，往往面臨的風險較高。

投資者對金融資產的一般要求是流動性越大越好，風險越低越好，收益性越高越好，當然這三方面不可能同時滿足，因此投資者要進行適當的權衡來選擇金融資產。

2 金融市場

2.1 金融市場概述

2.1.1 金融市場的概念

　　金融市場是指資金供應者和資金需求者雙方通過信用工具進行交易而融通資金的市場，廣而言之，是實現貨幣借貸和資金融通、辦理各種票據和有價證券交易活動的市場。

　　金融市場是資金融通市場。所謂資金融通，是指在經濟運行過程中，資金供求雙方運用各種金融工具調節資金盈餘的活動，是所有金融交易活動的總稱。比如常見的股票市場、債券市場、外匯市場，是資金轉移的一個重要途徑。通過資金轉移，可以極大地促進整個經濟運行效率的提高。在金融市場上交易的是各種金融工具，如股票、債券、儲蓄存單等。資金融通簡稱為融資，一般分為直接融資和間接融資兩種。直接融資是資金供求雙方直接進行資金融通的活動，也就是資金需求者直接通過金融市場向社會上有資金盈餘的機構和個人籌資；與此對應，間接融資則是指通過銀行所進行的資金融通活動，也就是資金需求者採取向銀行等金融仲介機構申請貸款的方式籌資。直接融資和間接融資的主要區別不在於是否有銀行等金融機構參與進來，而是看金融機構是否發行自己的債權債務憑證。金融市場對經濟活動的各個方面都有著直接的深刻影響，如個人財富、企業的經營、經濟運行的效率，都直接取決於金融市場的活動。

　　金融市場的構成十分複雜，它是由許多不同的市場組成的一個龐大體系。但是，一般根據金融市場上交易工具的期限，把金融市場分為貨幣市場和資本市場兩大類。貨幣市場是融通短期資金的市場，資本市場是融通長期資金的市場。貨幣市場和資本市場又可以進一步分為若干不同的子市場。貨幣市場包括金融同業拆借市場、回購協議市場、商業票據市場、銀行承兌匯票市場、短期政府債券市場、大面額可轉讓存單市場等。資本市場包括中長期信貸市場和證券市場。中長期信貸市場是金融機構與工商企業之間的貸款市場；證券市場是通過證券的發行與交易進行融資的市場，包括債券市場、股票市場、基金市場、保險市場、融資租賃市場等。

2.1.2 金融市場的基本要素和主要參與者

2.1.2.1 金融市場的基本要素

　　一個完備的金融市場，應包括三個基本要素：

(1) 資金供應者和資金需求者。他們包括政府、金融機構、企事業單位、居民、外商，等等，既能向金融市場提供資金，也能從金融市場籌措資金。這是金融市場得以形成和發展的一項基本因素。

(2) 信用工具。這是借貸資本在金融市場上交易的對象。如各種債券、股票、票據、可轉讓存單、借款合同、抵押契約等，是金融市場上實現投資、融資活動必須依賴的標的。

(3) 信用仲介。這是指一些充當資金供求雙方的仲介人，起著聯繫、媒介和代客買賣作用的機構，如銀行、投資公司、證券交易所、證券商和經紀人等。

2.1.2.2 金融市場的主要參與者

與金融市場的基本要素對應，縱觀整個金融市場，主要有五類參與者：

(1) 公司。

公司是借款者，它們籌集資金並將其投資於廠房和設備，這些實物資產所產生的收益用於向投資者（公司發行債券的購買者如機構投資者和個人投資者）支付回報。公司也是金融市場上的貸款者，為了保值增值，他們將生產過程中暫時閒置的資金暫時地讓渡出去，使資金發揮更大的效益。

(2) 家庭或個人。

家庭和個人一般是儲蓄者即資金提供者，他們購買金融市場上的各種金融資產來進行組合投資以實現保值增值。同時，隨著時代的發展，家庭和個人有時也是資金需求者，例如用於購買住房、汽車及其他耐用消費品，信用卡的日漸普及也是個人作為資金需求者的一種表現。

(3) 政府。

政府既是借款者也是貸款者，取決於政府稅收收入與政府支出之間的關係。若政府出現財政赤字，即稅收收入低於政府支出，那麼政府就不得不借款來填補財政赤字。如二戰後的美國政府，往往出現財政赤字，美國政府主要通過發行短期國庫券、票據和債券向公眾籌集資金。若政府實現了財政盈餘，即稅收收入高於政府支出，則政府有能力償還往年的一些債務。

(4) 金融仲介機構。

金融仲介是指在金融市場上資金融通過程中，在資金供求者之間起媒介或橋樑作用的人或機構。金融仲介一般由銀行金融仲介及非銀行金融仲介構成，具體包括商業銀行、證券公司、保險公司以及信息諮詢服務機構等仲介機構。金融是現代經濟的核心。

在現代市場經濟中，金融活動與經濟運行關係密切，金融活動的範圍、質量直接影響到經濟活動的績效，幾乎所有金融活動都是以金融仲介機構為中心展開的，因此，金融仲介在經濟活動中占據著十分重要的位置。隨著經濟金融化程度的不斷加深和經濟全球化的迅速推進，金融仲介本身成為一個十分複雜的體系，並且這個體系的運作狀況對於經濟和社會的健康發展具有極為重要的作用。

(5) 金融市場服務機構。

金融市場服務機構主要有以下四類：

①金融信息諮詢公司。

金融信息諮詢公司是進行金融信息諮詢業務的有限責任公司，這類公司根據客戶的需求去調查研究收集到的資料，經分析整理並提出可行性分析報告或方案。

②信用評級機構。

信用評級機構是依法設立的從事信用評級業務的社會仲介機構，即金融市場上一個重要的服務性仲介機構，它是由專門的經濟、法律、財務專家組成的對證券發行人和證券信用進行等級評定的組織。

目前國際上公認的最具權威性的專業信用評級機構只有三家，分別是美國標準·普爾公司、穆迪投資服務公司和惠譽國際信用評級有限公司。

③律師事務所。

在金融市場上，律師事務所能夠為股份公司股票的發行上市、債券的發行、轉讓與兌現，以及證券承銷商投資銀行業務提供相關法律服務；擔任發行人或者承銷人的法律顧問，起草有關法律文件，提供法律諮詢；代表銀行等金融機構以及其他經紀人的利益，為客戶提供證券發行和國際貸款方面的服務。

④會計師事務所。

會計師事務所的資本市場業務主要是對公開發行股票的企業進行會計報表審計、淨資產驗證、諮詢服務等相關業務，並出具審計報告、驗資報告等，對企業財務狀況表示判斷意見。

2.1.2.3 金融市場的職能

市場，是提供資源流動和資源配置的場所。在市場中，依靠價格信號引導資源在不同部門之間流動並實現資源配置。而金融市場則是進行資金融通的市場，通過實現借貸資金的集中和分配，完成金融資源的配置過程。

廣義的金融市場應當包括所有的融資活動（銀行和非銀行金融機構的借貸，企業發行股票、債券實現的融資）；包括投資者通過購買股票、債券實現的投資；包括通過租賃、信託、保險等種種途徑所進行的資金的集中和分配，等等。狹義的金融市場則是指有價證券交易的場所，如股票市場、債券市場等。

在金融市場上交易的是金融資產，與它相對應的是諸如房屋、土地、設備等實物資產。實物資產的價值取決於它們自身，而金融資產的價值取決於能夠給所有者帶來的未來收益。實物資產決定了經濟的財富狀況，但是，金融資產與其得以進行交易的金融市場在發達的經濟社會中承擔著一些重要的作用，正是金融資產使我們得以創造了經濟中的大部分實物資產。

在經濟生活中，金融市場有提高資源配置效率、增進社會福利等功能。

（1）提高資源配置效率。

正如前面所述，金融市場的基本經濟功能是把資金從盈餘單位轉移到短缺單位。借款人通過在金融市場上向貸款人出售有價證券，直接向貸款人借入資金，這種不經過金融仲介的資金流動方式叫直接融資。比如，一家企業為了擴大生產規模而需要籌集資金時，它可以通過發行股票募集社會上閒散的資金，而投資者購買的股票則代表

了他們對這家公司的所有權，這種方式有別於間接融資。

金融市場中的金融仲介機構在間接融資中起了很大的作用。如果沒有金融市場，資金盈餘者和資金短缺者可能永遠都無法取得聯繫。也就是說，沒有金融市場，很難將資金從沒有投資機會的人手中轉移到有投資機會的人手中，這樣雙方都只能維持現狀，而且雙方都會有損失。而金融市場幫助實現資金在盈餘部門和短缺部門之間的轉移，實現資源配置優化。在良好的市場環境和價格信號引導下，可以實現資源的最佳配置。

（2）增進社會福利。

即使人們借入的資金不是用於提高企業生產，金融市場的存在也具有非常重要的意義。比如你剛剛大學畢業，有一份不錯的工作，並打算買房。由於積蓄有限，靠自己的力量肯定無法實現購房的夢想，雖然你將來會賺足夠多的錢。如果沒有金融市場，你只能將購房計劃暫時擱置，租住狹小的公寓。

但由於金融市場的存在，擁有足夠積蓄的人通過銀行可以將他們的積蓄借給你買房，這也就是所謂的分期付款。這樣，你不僅可以在年輕的時候實現購房的夢想，出借資金的人也能獲得利息收入，從而為整個經濟增加生產和提高效率做出了貢獻。有效運行的金融市場改善了社會上每個人的經濟福利。

2.2　金融市場的分類

2.2.1　金融市場的不同分類方法

金融市場從不同的角度有不同的分類方法，如：

（1）按地理範圍可分為：國際金融市場，由經營國際貨幣業務的金融機構組成，其經營內容包括資金借貸、外匯買賣、證券買賣、資金交易等；國內金融市場，由國內金融機構組成，辦理各種貨幣、證券及作用業務活動，它又分為城市金融市場和農村金融市場，或者分為全國性、區域性、地方性的金融市場。

（2）按經營場所可分為：有形金融市場，指有固定場所和操作設施的金融市場；無形金融市場，以營運網路形式存在的市場，通過電子電訊手段達在交易。

（3）按融資交易期限劃分為：長期資金市場即資本市場，主要供應一年以上的中長期資金，如股票與長期債券的發行與流通；短期資金市場即貨幣市場，是一年以下的短期資金的融通市場，如同業拆借、票據貼現、短期債券及可轉讓存單的買賣。

貨幣市場是短期融資市場，期限一般在1年以內，這是一個典型的以機構投資人為主的融資市場。貨幣市場一般沒有確定的交易場所，現代貨幣市場的交易通過計算機網路進行。貨幣市場按照交易的金融產品不同分為同業拆解市場、短期國債市場、國債回購市場、商業票據市場、銀行承兌匯票市場、大額存單市場等。

（4）按交易性質劃分為：發行市場，也稱一級市場，是借入資金的企業或政府向最初購買者出售新發行有價證券的金融市場，換言之，一級市場是證券發行的市場，

它可以增加公司資本；流通市場，也稱二級市場，是已經發行、處在流通中的證券的買賣市場，它不會增加資本，只是證券在不同的股東之間流通。

一級市場往往不被公眾所瞭解，這是因為向最初的購買者發行證券是在內部進行的。投資銀行是一級市場上協助發行證券的最重要的金融機構。當二級市場發生交易時，發行證券的公司並沒有得到新的資金，但不能因此就低估二級市場的功能，在一定程度上來說，二級市場是一級市場能順利發行的基礎。首先，二級市場使金融工具更具有流動性。這些工具的流動性提高後，自身便更加受人歡迎，進而又促進了發行企業在一級市場銷售證券。其次，二級市場決定了發行企業在一級市場銷售的債券的價格。在一級市場上購買債券的企業，只願意向發行公司支付它們認為二級市場將為這種證券確定的價格，二級市場上證券價格越高，發行企業在一級市場上出售證券的價格也就越高，從而，它們能夠籌措的資金也就越多。一般來說，二級市場的交易量遠遠大於一級市場。

（5）按交易對象劃分為：拆借市場、貼現市場、大額定期存單市場、證券市場、股票市場、債券市場、外匯市場、黃金市場、保險市場。

（6）按交割期限可分為：金融現貨市場，融資活動成交後立即付款交割；金融期貨市場，投融活動成交後按合約規定在指定日期付款交割。

按照上述各內在聯繫對金融市場進行科學系統的劃分，是進行金融市場有效管理的基礎。

2.2.2 主要的金融市場

2.2.2.1 貨幣市場

（1）概念。

貨幣市場是短期資金市場，是指融資期限在一年以下的金融市場，是金融市場的重要組成部分。由於該市場所容納的金融工具，主要是政府、銀行及工商企業發行的短期信用工具，具有期限短、流動性強和風險小的特點，在貨幣供應量層次劃分上被置於現金貨幣和存款貨幣之後，稱之為「準貨幣」，所以將該市場稱為「貨幣市場」。

（2）貨幣市場的功能。

貨幣市場就其結構而言，包括同業拆借市場、票據貼現市場、短期政府債券市場、證券回購市場等。貨幣市場產生和發展的初始動力是為了保持資金的流動性，它借助於各種短期資金融通工具將資金需求者和資金供應者聯繫起來，既滿足了資金需求者的短期資金需要，又為資金有餘者的暫時閒置資金提供了獲取盈利的機會。但這只是貨幣市場的表面功用，將貨幣市場置於金融市場以至市場經濟的大環境中可以發現，貨幣市場的功能遠不止於此。貨幣市場既從微觀上為銀行、企業提供靈活的管理手段，使它們在對資金的安全性、流動性、營利性相統一的管理上更方便靈活，又為中央銀行實施貨幣政策以調控宏觀經濟提供手段，為保證金融市場的發展發揮巨大作用。

①短期資金融通功能。

市場經濟條件下的各種經濟行為主體客觀上有資金盈餘方和資金不足方之分，從期間上可分為一年期以上的長期性資金餘缺和一年期以內的短期性資金餘缺兩大類，

相對於資本市場（Capital Market）為中長期資金的供需提供服務，貨幣市場（Money Market）則為季節性、臨時性資金的融通提供了可行之徑。相對於長期投資性資金需求來說，短期性、臨時性資金需求是微觀經濟行為主體最基本的、也是最經常的資金需求，因為短期的臨時性、季節性資金不足是由於日常經濟行為的頻繁性所造成的，是必然的、經常的，這種資金缺口如果不能得到彌補，就連社會的簡單再生產也不能維繫，或者只能使商品經濟處於初級水平。短期資金融通功能是貨幣市場的一個基本功能。

②管理功能。

貨幣市場的管理功能主要是指通過其業務活動的開展，促使微觀經濟行為主體加強自身管理，提高經營水平和盈利能力。

③政策傳導功能。

貨幣市場具有傳導貨幣政策的功能。眾所周知，市場經濟國家的中央銀行實施貨幣政策主要是通過再貼現政策、法定存款準備金政策、公開市場業務等的運用來影響市場利率和調節貨幣供應量以實現宏觀經濟調控目標的，在這個過程中貨幣市場發揮了基礎性作用。

④促進資本市場尤其是證券市場發展的功能。

貨幣市場和資本市場作為金融市場的核心組成部分，前者是後者規範運作和發展的物質基礎。首先，發達的貨幣市場為資本市場提供了穩定充裕的資金來源。從資金供給角度看，資金盈餘方提供的資金層次是由短期到長期、由臨時性到投資性的，因此貨幣市場在資金供給者和資本市場之間搭建了一個「資金池」，資本市場的參加者必不可少的短期資金可以從貨幣市場得到滿足，而從資本市場退出的資金也能在貨幣市場找到出路。因此，貨幣市場和資本市場就如一對「孿生兄弟」，不可偏廢於任何一方。其次，貨幣市場的良性發展減少了由於資金供求變化對社會造成的衝擊。從長期市場退下來的資金有了出路，短期遊資對市場的衝擊力大減，對投機活動實現了最大可能的抑制。因此，只有貨幣市場發展健全了，金融市場上的資金才能得到合理的配置，從世界上大多數發達國家金融市場的發展歷程中可以總結出「先貨幣市場，後資本市場」是金融市場發展的基本規律。

總之，貨幣市場在金融市場和市場經濟的良性發展中都發揮著重要的作用，是微觀主體和宏觀經濟正常運行的基礎環節。但是貨幣市場功能的正常發揮是需要有前提條件的。貨幣市場本身的發達和完善是其功能得以發揮的首要前提。其次，貨幣市場功能的發揮尤其是政策功能的發揮需借助於其他金融市場子市場的發展。貨幣市場在這個功能的發揮中實際上最早反應中央銀行貨幣政策的變化並通過進一步作用於長期金融市場即資本市場進而作用於更廣範圍的市場。發達的市場經濟是貨幣市場功能發揮的第三個條件。金融市場本身就是市場經濟的產物。在市場經濟中，政府通過間接調控的方式對市場和微觀經濟行為主體進行宏觀管理，微觀主體成為真正的「經濟人」和「理性人」，為滿足盈利最大化和效用最大化而進行營運和消費，供求關係成為價格變動的基本因素，價格成為資源配置變化的基本信號，發達的市場經濟本身既需要貨幣市場，同時又為貨幣市場的發展提供良好的外部環境。

2.2.2.2 資本市場

(1) 概念。

資本市場是長期資金市場,是指證券融資和經營一年以上的資金借貸和證券交易的場所,也稱中長期資金市場。

(2) 資本市場的類型。

在資本市場上,資本出讓的合同期一般在一年以上,這是資本市場與短期的貨幣市場和衍生市場的區別。

資本市場可以分一級市場和二級市場:在一級市場上新的吸收資本的證券發行並被投資者需求,在二級市場上已經發行的證券易手。

資本市場按融通資金方式的不同,又可分為銀行中長期信貸市場和證券市場。銀行中長期信貸市場是一種國際銀行提供中長期信貸資金的場所,為需要中長期資金的政府和企業提供資金便利。這個市場的需求者多為各國政府和工商企業。一般1~5年的稱為中期信貸,5年以上的稱為長期信貸。資金利率由諸如經濟形勢、資金供求量、通貨膨脹和金融政策等因素多方面決定,一般是在倫敦同業拆放利率基礎上加一定的幅度。該市場的貸款方式,有雙邊貸款和多邊貸款之分。證券市場是指證券發行與流通的場所。發行證券的目的在於籌措長期資本,是長期資本借貸的一種方式。證券市場是金融市場的重要組成部分。

(3) 資本市場的功能。

①籌資—投資功能。

資本市場的籌資—投資功能是指資本市場一方面為資金需求者提供了通過發行證券籌集資金的機會,另一方面為資金供給者提供了投資對象。在資本市場上交易的任何證券,既是籌資的工具,也是投資的工具。在經濟運行過程中,既有資金盈餘者,又有資金短缺者。資金盈餘者為使自己的資金價值增值,必須尋找投資對象;而資金短缺者為了發展自己的業務,就要向社會尋找資金。為了籌集資金,資金短缺者可以通過發行各種證券來達到籌資的目的,資金盈餘者則可以通過買入證券而實現投資。籌資和投資是資本市場的基本功能不可分割的兩個方面,忽視其中任何一個方面都會導致市場產生嚴重的缺陷。

②定價功能。

資本市場的第二個基本功能就是為資本決定價格。證券是資本的表現形式,所以證券的價格實際上是證券所代表的資本的價格。證券的價格是證券市場上證券供求雙方共同作用的結果。證券市場的運行形成了證券需求者和證券供給者的競爭關係,這種競爭的結果是:能產生高投資回報的資本,市場的需求就大,相應地,證券價格就高;反之,證券的價格就低。因此,證券市場提供了資本的合理定價機制。

③資本配置功能。

資本市場的資本配置功能是指通過證券價格引導資本的流動從而實現資本的合理配置的功能。資本市場由於存在強大的評價、選擇和監督機制,而投資主體作為理性經濟人,始終具有明確的逐利動機,從而促使資金流向高效益部門,表現出資源優化

配置的功能。

④產權功能。

資本市場的產權功能是指其對市場主體的產權約束和充當產權交易仲介方面所發揮的功能。產權功能是資本市場的派生功能，它通過對企業經營機制的改造、為企業提供資金融通、傳遞產權交易信息和提供產權仲介服務而在企業產權重組的過程中發揮著重要的作用。

2.2.2.3 外匯市場

（1）概念。

外匯市場，是指在國際從事外匯買賣、調劑外匯供求的交易場所。它的職能是經營貨幣商品，即經營不同國家的貨幣。

（2）外匯市場的分類。

作為外匯交易的場所，外匯市場從組織形式上看，可以分為兩類。一類是有固定交易場所的有形市場，如法國的巴黎、德國的法蘭克福、比利時的布魯塞爾等市場。在這種市場上，外匯交易者均按規定時間到交易所進行交易。另一類是沒有固定交易場所的無形市場，外匯交易外牆由交易者通過電話、電報、電傳等通信工具進行。世界上大多數外匯交易，如倫敦、紐約、新加坡、中國香港等市場，都沒有固定交易場所。即使在有形市場中，許多交易也是通過各種通信工具完成的。所以，現代的外匯交易市場已經成為人們進行外匯交易的一個遍及全世界的電信網路。

（3）外匯市場的功能。

外匯市場的功能主要表現在三個方面，一是實現購買力的國際轉移，二是提供資金融通，三是提供外匯保值和投機的市場機制。

①實現購買力的國際轉移。

國際貿易和國際資金融通至少涉及兩種貨幣，而不同的貨幣對不同的國家形成購買力，這就要求將本國貨幣兌換成外幣來清理債權債務關係，使購買行為得以實現。而這種兌換就是在外匯市場上進行的。外匯市場所提供的就是這種購買力轉移交易得以順利進行的經濟機制，它的存在使各種潛在的外匯售出者和外匯購買者的意願能聯繫起來。當外匯市場匯率變動使外匯供應量正好等於外匯需求量時，所有潛在的出售和購買願望都得到了滿足，外匯市場處於平衡狀態之中。這樣，外匯市場提供了一種購買力國際轉移機制。同時，由於發達的通信工具已將外匯市場在世界範圍內聯結成一個整體，使得貨幣兌換和資金匯付能夠在極短時間內完成，購買力的這種轉移變得迅速和方便。

②提供資金融通。

外匯市場向國際交易者提供了資金融通的便利。外匯的存貸款業務集中了各國的社會閒置資金，從而能夠調劑餘缺，加快資本週轉。外匯市場為國際貿易的順利進行提供了保證，當進口商沒有足夠的現款提貨時，出口商可以向進口商開出匯票，允許延期付款，同時以貼現票據的方式將匯票出售，拿回貨款。外匯市場便利的資金融通功能也促進了國際借貸和國際投資活動的順利進行。美國發行的國庫券和政府債券中

很大部分是由外國官方機構和企業購買並持有的，這種證券投資在脫離外匯市場的情況下是不可想像的。

③提供外匯保值和投機的機制。

在以外匯計價成交的國際經濟交易中，交易雙方都面臨著外匯風險。由於市場參與者對外匯風險的判斷和偏好的不同，有的參與者寧可花費一定的成本來轉移風險，而有的參與者則願意承擔風險以實現預期利潤。由此產生了外匯保值和外匯投機兩種不同的行為。在金本位和固定匯率制下，外匯匯率基本上是平穩的，因而就不會形成外匯保值和投機的需要及可能。而在浮動匯率下，外匯市場的功能得到了進一步的發展，外匯市場的存在既為套期保值者提供了規避外匯風險的場所，又為投機者提供了承擔風險、獲取利潤的機會。

3　資產類別與金融投資工具

　　構建投資組合時，首先要決定分配到各個資產大類中的貨幣金額，如銀行存款、長期債券或股票，這個過程叫作資產配置。在每一資產大類中選擇具體的資產進行投資，這一過程叫作證券選擇。

　　通過學習上一章我們知道，金融市場主要分為貨幣市場、金融市場、外匯市場等。本章主要介紹貨幣市場工具（主要為短期金融工具）、資本市場工具以及金融衍生工具。

3.1　貨幣市場工具

3.1.1　貨幣市場工具的概念

　　所謂貨幣市場工具，是指期限小於或等於 1 年的債務工具，它們具有很高的流動性，屬固定收入證券的一部分。由於這些證券的交易在許多情況下是大宗交易，個人投資者難以參與這些證券的買賣，他們是通過貨幣市場基金來間接參與這些證券的投資的。貨幣市場工具包括短期的、變現能力強的、流動性強的、風險低的債務證券。正是由於這些特徵，貨幣市場工具有時被稱為現金等價物，或簡稱為現金。

3.1.2　貨幣市場工具的分類

　　主要的貨幣市場工具由短期國債、大額可轉讓存單、商業票據、銀行承兌匯票、回購協議和其他貨幣市場工具構成。

　　（1）短期國債。

　　短期國債是一國政府為滿足先支後收所產生的臨時性資金需要而發行的短期債券。短期國債在英美稱為國庫券，英國是最早發行短期國債的國家。

　　短期國債的特點：

　　①風險最低。短期國債是政府的直接負債，政府在一國有最高的信用地位，一般不存在到期無法償還的風險，因此，投資者通常認為投資於短期國債基本上沒有風險。

　　②高度流動性。由於短期國債的風險低、信譽高，工商企業、金融機構、個人都樂於將短期資金投資到短期國債上，並以此來調節自己的流動資產結構，為短期國債創造了十分便利和發達的二級市場。

　　③期限短，基本上是 1 年以內，大部分為半年以內。

④短期國債的種類按期限劃分，有3個月、6個月、9個月和12個月等；按付息方式，可分為貼現國債和附息國債，短期國債大部分為貼現國債。

(2) 大額可轉讓存單。

大額可轉讓定期存單亦稱大額可轉讓存款證，是銀行印發的一種定存憑證，憑證上印有一定的票面金額、存入和到期日以及利率，到期後可按票面金額和規定利率提取全部本利，逾期存款不計息。大額可轉讓定期存單可流通轉讓，自由買賣。

大額可轉讓定期存單的特點：

大額可轉讓定期存單，是銀行發行的到期之前可轉讓的定期存款憑證。通常不記名，不能提前支取，可以在二級市場上轉讓；大額存單按標準單位發行，面額較大；發行者多是大銀行；期限多在1年以內。大額存單是銀行存款的證券化。

(3) 商業票據。

商業票據指發行體為滿足流動資金需求所發行的、期限為2～270天的、可流通轉讓的債務工具。票據是具有一定格式、載明金額和日期、到期由付款人對持票人或指定人無條件支付一定款項的信用憑證。商業票據一般是指商業上由出票人簽發，無條件約定自己或要求他人支付一定金額，可流通轉讓的有價證券，持有人具有一定權利的憑證。

商業票據的種類：①短期票據，是貨幣市場中的短期信用工具，最短期限是30天，最長是270天；②單名票據，發行時只需一個人簽名就可以了；③融通票據，為短期週轉資金而發行；④大額票據，面額是整數，多數以10萬美元為倍數計算；⑤無擔保票據，不須擔保品和保證人，只需靠公司信用擔保；⑥市場票據，以非特定公眾為銷售對象；⑦大公司票據，只有那些財務健全、信用卓著的大公司才能發行商業票據；⑧貼現票據，以貼現的方式發行，即在發行時先預扣利息。

商業票據的特點：①票據是具有一定權利（付款請求權、追索權）的憑證；②票據的權利與義務是不存在任何原因的，只要持票人拿到票據後，就已經取得票據所賦予的全部權利；③各國的票據法都要求對票據的形式和內容保持標準化和規範化；④票據是可流通的證券，除了票據本身的限制外，票據是可以憑背書和交付而轉讓。

(4) 銀行承兌匯票。

銀行承兌匯票是由在承兌銀行開立存款帳戶的存款人出票，向開戶銀行申請並經銀行審查同意承兌的，保證在指定日期無條件支付確定的金額給收款人或持票人的票據。對出票人簽發的商業匯票進行承兌是銀行基於對出票人資信的認可而給予的信用支持。中國的銀行承兌匯票每張票面金額最高為1,000萬元（含）。銀行承兌匯票按票面金額向承兌申請人收取萬分之五的手續費，不足10元的按10元計。承兌期限最長不超過6個月。承兌申請人在銀行承兌匯票到期末付款的，按規定計收逾期罰息。

(5) 回購協議。

回購協議是指以有價證券作為抵押的短期資金融通，在形式上表現為附有條件的證券買賣。一般地，用於回購協議的證券都是政府債券。在具體的操作當中，通常由出售方向回購方暫時售出一筆國債，同時雙方簽訂回購協議，約定在一定的時間後出售方再以稍高一點的價格贖回，或者約定以原價贖回，但是要支付一些費用作為補償。

回購協議方式的特點：

①將資金的收益與流動性融為一體，增大了投資者的興趣。投資者完全可以根據自己的資金安排，與借款者簽訂「隔日」或「連續合同」的回購協議，在保證資金可以隨時收回移作他用的前提下，增加資金的收益。

②增強了長期債券的變現性，避免了證券持有者因出售長期資產以變現而可能帶來的損失。

③具有較強的安全性。回購協議一般期限較短，並且又有100%的債券作為抵押，所以投資者可以根據資金市場行情變化，及時抽回資金，避免長期投資的風險。

④較長期的回購協議可以用來套利。如銀行以較低的利率用回購協議的方式取得資金，再以較高利率貸出，可以獲得利差。

（6）其他貨幣市場工具

①同業拆借資金。

同業拆借資金是用於彌補金融仲介機構短期資金的不足、票據清算的差額以及解決臨時性的資金短缺的需要。同業拆借資金通過同業拆借市場進行流通。

同業拆借的特點：首先，同業拆借市場的資金的交易期限比較短，如果期限只有一天，就被稱為隔夜拆借；其次，同業拆借市場的目的是為了向金融仲介機構提供流動性保障，調劑頭寸，而不是像一般的用於投資實物生產的貸款；最後，同業拆借的主體都是信譽良好的金融仲介機構，因此手續簡便，也不需要擔保。

美國的聯邦基金就是一種同業拆借資金，聯邦基金是在聯邦儲備銀行存款的存款機構的隔夜貸款。相應地，美國有聯邦基金市場，為銀行間互相拆借提供了便利。在英國，也有倫敦同業拆借市場，為各家銀行頭寸調劑提供了流動性保障。

②歐洲美元。

歐洲美元是指以美元為面值而不是以當地貨幣，如以英鎊、歐元為面值存在外國銀行或美國銀行在國外分支行的存款（常為定期存款）。

3.2 資本市場工具

在本節內容中，主要介紹兩種資本市場工具，即股票和債券。股票是股份公司發給股東作為已投資入股的證書。債券是表明債權、債務關係的一種憑證。債券與股票不同，它不是持有者投資入股的憑證，而是發行者出具的借款憑證。對發行者來說，兩者均為籌集資金的手段，在使用這兩種證券提供的資金時，都要付出一定的代價。對於投資者來說，兩者皆為投資工具，投資者都可以按期取得一定的報酬。

股票和債券兩者之間存在著根本的區別。從性質上來看，股票代表股份資本的所有權。股票持有人作為股份公司的股東，在法律上有權參與企業經營管理和利潤分配。而債券所表示的只是一種債權，其實質是持券人對公司的一種證券化的長期貸款。債券持有人同股份公司之間只是債權和債務關係，無權參與企業管理和利潤分紅，也不承擔企業的任何債務責任。

3.2.1 股票

(1) 什麼是股票。

股票是有價證券的一種主要形式，是指股份有限公司簽發的證明股東所持股份的憑證。從這個定義可以看出，股票有三個基本要素：發行主體、股份、持有人。股票作為一種所有權憑證，具有一定的格式。

股份是股份有限公司資本的表現形式。股份的含義有三層：第一，股份是股份有限公司資本的構成成分；第二，股份代表了股份有限公司股東的權利和義務；第三，股份可以通過股票價格的形式表現其價值。

股票作為股份公司發行的權益憑證，代表持有者對公司資產和收益的剩餘索取權。所謂剩餘索取權，就是說股東的權益在利潤和資產分配上表現為在公司償還債務後，才能索取剩餘的收益。比如，某公司今年沒有償還銀行貸款前的淨利潤是500萬元，公司需要償還的銀行貸款總額是200萬元，那麼，對於公司的股東來說，公司必須先拿出200萬元還清銀行貸款，剩餘的300萬元才能算作股東的財富，用於再投資或發放股息。又比如，在公司清算破產的時候，公司在破產時的資產往往都被拿去拍賣，拍賣所得的錢款必須先用來償還公司還沒有支付的債務，其餘的才能用來補償股東。如果企業拍賣所得錢款還不足以償還債務，股東就什麼也得不到。

(2) 股票的主要特點。

①永久性，股票一旦發售，持有者不能把股票退回給公司，只能通過在證券市場上出售而收回本金。股票發行公司不僅可以回購甚至全部回購已發行的股票，從股票交易所退出，而且可以重新回到非上市企業。理解股票的永久性應該注意兩點：其一，購買股票雖然屬於永久性投資，但從其流動性特徵可以看出，股票持有者可以通過出售股票轉讓其股東身分；其二，一旦股份有限公司不再存在，其發行的股票就分文不值。

②風險性，購買股票是一種風險投資。股票可能產生經濟利益損失的特性，即持有股票要承擔一定的風險。股票風險的內涵是預期收益的不確定性。從理論上講，股票收益的大小與風險大小可能成正比，但並非風險越高，收益就越大。

③流通性，股票作為一種資本證券，是一種靈活有效的集資工具和有價證券，可以在證券市場上通過自由買賣、自由轉讓進行流通。

④收益性，這是股票的最基本特徵，指持有股票可以為投資者帶來收益的特性。持有股票的目的在於獲取收益。股票的收益可以分為兩類：第一類來自股份有限公司的股息和紅利；第二類來自資本利得，即股票持有者持股票到市場上進行交易，當股票的市場價格高於買入價格時，賣出股票就可以賺取差價收益，這種差價收益就稱為資本利得。

⑤參與性，股票持有人有權參與公司重大決策的特性。

⑥波動性，股票交易價格經常性變化，或者說與股票票面價值經常不一致。

(3) 股票的分類。

對股票可以從不同的角度進行多種不同的分類。

第一，按股東承擔風險程度和享有分紅權利的不同，分為普通股票和優先股票。

普通股票是在公司利潤分配方面享有普通權利的股份，它是股份有限公司發行的最常見、最重要的一種股票。普通股是風險最大的股票，其獲利水平與公司盈虧息息相關。但股票持有者有通過選舉擔任公司董事、監事的機會，有參加公司管理的權力，股東大會選舉權是根據普通股的股數計算的。

優先股票是在公司利潤分配方面較普通股有優先權的股份。持優先股票的股東，可以按一定的比率取得固定股息。股息不隨企業經營狀況好壞而波動，並且公司對優先股股東的付息要在普通股之前。在企業倒閉時，優先股能優先得到剩餘的可分配給股東的那部分財產。在一般情況下，優先股持有者不能參與公司的經營管理，在股東大會上也沒有投票權。

普通股與優先股的不同可以概括為：

①在分配公司利潤時，優先股股東可先於普通股且以約定的比率進行分配。

②當股份有限公司因解散、破產等原因進行清算時，優先股股東可先於普通股股東分取公司的剩餘資產。

③優先股股東一般不享有公司經營權，即優先股股票不包含表決權，優先股股東無權過問公司的經營管理，但在涉及優先股股票所保障的股東權益時，優先股股東可發表意見並享有相應的表決權。

④優先股股票可由公司贖回。由於股份有限公司需向優先股股東支付固定的股息，優先股股票實際上是股份有限公司的一種舉債集資的行式，但優先股股票又不同於公司債券和銀行貸款，這是因為優先股股東分取收益和公司資產的權利只能在公司滿足了債權人的要求之後才能行使。優先股股東不能要求退股，卻可以依照優先股股票上所附的贖回條款，由股份有限公司予以贖回。大多數優先股股票都附有贖回條款。

第二，按股票是否記名，分為記名股票和不記名股票。

記名股票是在股票上記載著股東姓名，並將其列入公司股東名冊的一種股票。記名股票轉讓時，要把受讓人姓名記入股票，並列入公司股東名冊，方能生效。

不記名股票是在股票上不記載股東姓名的股票。凡持有股票者即為股東。股票轉讓比較自由，只要把股票交給受讓人，就產生轉讓效力。

第三，按股東享有投票權的不同，分為無權股票和多權股票。

無權股票是股東完全沒有投票權的股票。

多權股票是每張股票有若干投票權的股票。發行多權股票的目的是為了便於少數大股東控制股份公司。

第四，按股票上是否標明金額，分為有票面金額股票與無票面金額股票。

有票面金額股票在股票票面記載有一定的金額，即票面價值。

無票面金額股票在股票票面上不載明金額，只標明每股占公司資本總額的比例，其價值隨公司所有者權益的增減而增減。無票面金額股票在美國比較常見。

中國目前股票的分類與國際上通行的分類辦法有所不同。其中，按持有主體分為國家股、法人股和個人股。按發行和交易範圍分為人民幣股票（即 A 種股票）和人民幣特種股票（即 B 種股票）。在內地註冊的股份有限公司向境外投資人募集並在境外上

市的股票，依據上市地點的不同，有「H」股（香港聯交所上市）、「N」股（紐約證券交易所上市）、「S」股（新加坡上市）等名稱。

此外，還有紅籌股和藍籌股的稱謂。中國香港地區和國際投資者把在境外註冊並在香港上市的那些有中國內地概念或背景的股票，稱為紅籌股，如「上海實業」「北京控股」等，就是較著名的紅籌股。而所謂藍籌股，是指在股票市場上，業績優良、成交活躍、紅利優厚、並在其所屬行業內佔有重要支配性地位的那些大公司的股票，如美國通用汽車公司、埃克森石油公司和杜邦化學公司等股票，是當今紐約股市的藍籌股。

股票只是一種財產所有權的憑證，本身並沒有價值。所謂股票價格，又稱股票行市，是指在證券市場上買賣股票的價格。

3.2.2 債券

（1）什麼是債券。

債券是債務人在籌集資金時，按照法定程序發行，向債權人承諾按約定利率和日期支付利息，並在特定日期償還本金，從而明確債券債務關係的有價證券。債券是確定債券債務關係的書面憑證，債券的發行人即為債務人，投資者則為債權人。債券雖是表示債券債務關係的書面憑證，卻與一般的借貸憑證不同，它是借貸關係的證券化，因而可向任何第三者自由轉賣，由此成為資本市場的交易工具。

債券屬於有價證券。首先，債券反應和代表一定的價值。債券本身有一定的面值，通常它是債券投資者投入資金的量化表現；而且，持有債券可按期取得利息，利息也是債券投資者收益的價值表現。其次，債券與其代表的權利聯繫在一起，擁有債券也就擁有了債券所代表的權利，轉讓債券也就將債券代表的權利一併轉移。

債券是一種虛擬資本。債券儘管有面值，代表了一定的財產價值，但它也只是一種虛擬資本，而非真實資本。因為債券的本質是證明債券債務關係的證書，在債券債務關係建立時所投入的資金已被債務人占用，因此，債券是實際運用的真實資本的證書。債券的流動性意味著它所代表的實際資本也同樣流動，債券獨立於實際資本之外。

債券是債權的表現。債券代表債券投資者的權利，這種權利不是直接支配財產，也不以資產所有權表現，而是一種債權。擁有債券的人是債權人，債權人不同於財產所有人。以公司為例，在某種意義上，財產所有人可以視作公司的內部構成分子，而債權人是與公司相對立的。債權人除了按期取得本息以外，對債務人不能做其他干預。

（2）債券的基本要素。

債券儘管種類多種多樣，但是在內容上都要包含一些基本的要素。這些要素是指發行的債券上必須載明的基本內容，這是明確債權人和債務人權利與義務的主要約定，具體包括：

①票面價值。

債券的面值是指債券的票面價值，是發行人對債券持有人在債券到期後應償還的本金數額，也是企業向債券持有人按期支付利息的計算依據。債券的面值與債券實際的發行價格並不一定是一致的，發行價格大於面值稱為溢價發行，小於面值稱為折價

發行。

②償還期。

債券償還期是指企業債券上載明的償還債券本金的期限，即債券發行日至到期日之間的時間間隔。公司要結合自身資金週轉狀況及外部資本市場的各種影響因素來確定公司債券的償還期。

③付息期。

債券的付息期是指企業發行債券後的利息支付的時間。它可以是到期一次支付，或1年、半年或者3個月支付一次。在考慮貨幣時間價值和通貨膨脹因素的情況下，付息期對債券投資者的實際收益有很大影響。到期一次付息的債券，其利息通常是按單利計算的；而年內分期付息的債券，其利息是按複利計算的。

④票面利率。

債券的票面利率是指債券利息與債券面值的比率，是發行人承諾以後一定時期支付給債券持有人報酬的計算標準。債券票面利率的確定主要受到銀行利率、發行者的資信狀況、償還期限和利息計算方法以及當時資金市場上資金供求情況等因素的影響。

⑤發行人名稱。

發行人名稱指明債券的債務主體，為債權人到期追回本金和利息提供依據。

上述要素是債券票面的基本要素，但在發行時並不一定全部在票面印製出來，例如，在很多情況下，債券發行者是以公告或條例形式向社會公布債券的期限和利率。

(3) 債券的特徵。

債券作為一種債權債務憑證，與其他有價證券一樣，也是一種虛擬資本，而非真實資本，它是經濟運行中實際運用的真實資本的證書。

債券作為一種重要的融資手段和金融工具具有如下特徵：

①償還性。

償還性是指債權發行人在約定的期限內向債權人償還本金和利息的特性。當國家、地方政府、金融機構和企業等主體發行了債券後，就要承擔相應的義務，在約定的期限按照約定的條件向債權人償還本金和利息。因此，債務人不能無限期地占用債券人的資金，一旦債務人償還了債權人的全部本息後，兩者之間的資金借貸關係便宣告結束。

②流動性。

債券一般都可以在流通市場上自由轉讓。流動性就是指債權持有者可根據自己的需要在證券市場上賣出債券收回本金的特性。決定或影響債券流動性的主要因素是發行人的信譽、債券的利率與期限、債券市場的發達程度等。

③安全性。

安全性是指債券的持有人所獲得的收益相對固定，能夠按期收回本金，並且不隨發行者經營狀況的變化而變化。首先，由於債券要經過一套嚴格的資信審查程序，以及相關部門擔保並經有關管理機關批准後才能發行，在一定程度上降低了債券的風險；其次，債券利率是事先確定的，一般不受市場利率變化的影響，投資者的收益是固定的；再次，債券的收益不隨發行者經營狀況的變動而變動，具有較高的穩定性；最後，

債券明確規定了償還期限,債券持有者可按期收回本金。總而言之,與股票相比,債券通常規定有固定的利率,它與企業績效沒有直接聯繫,收益比較穩定,風險較小。此外,在企業破產時,債券持有者享有優先於股票持有者對企業剩餘資產的索取權。

④收益性。

收益性是指債券具有給投資者帶來一定收益的特性。在現實的經濟活動中,債券的收益性主要表現在兩個方面,一是投資債券可以給投資者定期或不定期地帶來利息收入;二是投資者可以利用債券價格的變動,買賣債券賺取差額。總的來說,債券的收益高於銀行同期存款利息收入而低於股票投資收益。從債券自身狀況來看,不同類型的債券其收益不同。一般情況下,流動性高的債券收益低;流動性差、風險性大的債券收益高。

(4) 債券的分類。

按照不同的分類依據,債券有不同的分類方法。

第一,按照發行主體將債券分為公司債券、政府債券、不動產抵押債券和金融債券四種。

①公司債券。

公司債券是公司為籌措資金而發行的借款憑證。債券的持有人同公司之間是普通債權債務關係,每年可以從公司獲取固定的利息收入,且利息分配順序優先於股東。公司破產清理資產時,債券持有者也優先於股東收回本金。同時,公司債券與政府債券或金融債券相比,風險較大;公司債券是企業的資本構成之一,企業的資本構成包括長期債務、普通股和優先股股票。公司債券的還本付息依賴於公司的經營業績,從理論上講,它的違約風險比政府債券和金融債券要大一些(即其風險性大於國債小於股票),所以公司債券的利率通常較國債高一些。公司債券是公司對外舉債的主要方式之一。一般情況下,債券的利息支出可以在稅前列支,免繳所得稅。此外,發行債券不會影響所有者對公司的控制權,即企業債券持有人不參與經營管理,不危及企業的管理決策權,只要按照票面利率獲得固定的利息收入。但是,當債券到期時,公司的償債壓力較大。

②政府債券。

政府債券是政府為籌集資金而發行的債券,主要包括國債、地方政府債券等,其中最主要的是國債。國債是政府出具的借款憑證,是國家信用的工具。國債的持有者可按規定向國家政府取得利息,到期交出債券,收回本金。國債因其信譽好、利率優、風險小而又被稱為「金邊債券」。除了政府部門直接發行的債券外,有些國家把政府擔保的債券也劃歸為政府債券體系,稱為政府保證債券。這種債券由一些與政府有直接關係的公司或金融機構發行,並由政府提供擔保。

中國歷史上發行的國債主要品種有國庫券和國家債券,其中國庫券自1981年後基本上每年都發行,主要對企業、個人等發行;國家債券曾經發行包括國家重點建設債券、國家建設債券、財政債券、特種債券、保值債券、基本建設債券,這些債券大多對銀行、非銀行金融機構、企業、基金等定向發行,部分也對個人投資者發行。向個人發行的國庫券利率基本上根據銀行利率制定,一般比銀行同期存款利率高1~2個百

分點。在通貨膨脹率較高時，國庫券也採用保值辦法。

③不動產抵押債券。

不動產抵押債券是不動產抵押銀行為籌集用於發放不動產抵押貸款的資金而發行的一種有價證券。這種債券期限長、利率高，可以在證券市場上買賣，持券人有權按規定向不動產抵押銀行取得利息和到期收回本金。

④金融債券。

金融債券是金融機構發行的債券。發行的目的在於籌集資金，作為補充資本金（附屬資本）或擴大放款的資金來源。目前中國金融債券主要由國家開發銀行、進出口銀行等政策性銀行發行。金融機構一般有雄厚的資金實力，信用度較高，因此金融債券往往有良好的信譽。

第二，按財產擔保將債券劃分為抵押債券和信用債券兩種。

①抵押債券。

抵押債券是以企業財產作為擔保的債券，按抵押品的不同又可以分為一般抵押債券、不動產抵押債券、動產抵押債券和證券信託抵押債券。以不動產如房屋等作為擔保品，稱為不動產抵押債券；以動產如適銷商品等作為提供品的，稱為動產抵押債券；以有價證券如股票及其他債券作為擔保品的，稱為證券信託債券。一旦債券發行人違約，信託人就可將擔保品變賣處置，以保證債權人的優先求償權。

②信用債券。

信用債券是不以任何公司財產作為擔保，完全憑信用發行的債券。政府債券屬於此類債券。這種債券由於其發行人的絕對信用而具有堅實的可靠性。除此之外，一些公司也可發行這種債券，即信用公司債。與抵押債券相比，信用債券的持有人承擔的風險較大，因而往往要求較高的利率。為了保護投資人的利益，發行這種債券的公司往往受到種種限制，只有那些信譽卓著的大公司才有資格發行。除此以外，在債券契約中都要加入保護性條款，如不能將資產抵押其他債權人、不能兼併其他企業、未經債權人同意不能出售資產、不能發行其他長期債券等。

第三，按債券形態將債券劃分為實物債券、憑證式債券、記帳式債券三種。

①實物債券（無記名債券）。

實物債券是一種具有標準格式實物券面的債券。它與無實物票券相對應，簡單地說就是發給你的債券是紙質的而非電腦裡的數字。

在其券面上，一般印製了債券面額、債券利率、債券期限、債券發行人全稱、還本付息方式等各種債券票面要素。其不記名，不掛失，可上市流通。實物債券是一般意義上的債券，很多國家通過法律或者法規對實物債券的格式予以明確規定。實物債券由於其發行成本較高，將會被逐步取消。

②憑證式債券。

憑證式國債是指國家採取不印刷實物券，而用填制「國庫券收款憑證」的方式發行的國債。中國從1994年開始發行憑證式國債。憑證式國債具有類似儲蓄、又優於儲蓄的特點，通常被稱為「儲蓄式國債」，是以儲蓄為目的的個人投資者理想的投資方式。從購買之日起計息，可記名、可掛失，但不能上市流通。與儲蓄類似，但利息比

儲蓄高。

③記帳式債券。

記帳式債券指沒有實物形態的票券，以電腦記帳方式記錄債權，通過證券交易所的交易系統發行和交易。中國近年來通過滬、深交易所的交易系統發行和交易的記帳式國債就是這方面的實例。如果投資者進行記帳式債券的買賣，就必須在證券交易所設立帳戶。所以，記帳式國債又稱無紙化國債。

記帳式國債購買後可以隨時在證券市場上轉讓，流動性較強，就像買賣股票一樣，當然，中途轉讓除可獲得應得的利息外（市場定價已經考慮到），還可以獲得一定的價差收益（不排除損失的可能）。這種國債有付息債券與零息債券兩種，付息債券按票面發行，每年付息一次或多次；零息債券折價發行，到期按票面金額兌付，中間不再計息。

由於記帳式國債發行和交易均無紙化，所以交易效率高，成本低，是未來債券發展的趨勢。

記帳式國債與憑證式國債有何區別？

a. 在發行方式上，記帳式國債通過電腦記帳、無紙化發行，而憑證式國債是通過紙質記帳憑證發行；

b. 在流通轉讓方面，記帳式國債可自由買賣，流通轉讓也較方便、快捷。憑證式國債只能提前兌取，不可流通轉讓，提前兌取還要支付手續費；

c. 在還本付息方面，記帳式國債每年付息，可當日通過電腦系統自動到帳，憑證式國債是到期後一次性支付利息，客戶需到銀行辦理；

d. 在收益性上，記帳式國債要略好於憑證式國債，通常記帳式國債的票面利率要略高於相同期限的憑證式國債。

第四，按債券能否轉換將債券劃分為可轉換債券和不可轉換債券兩種。

①可轉換債券。

可轉換債券是指在特定時期內可以按某一固定的比例轉換成普通股的債券，它具有債務與權益雙重屬性，屬於一種混合性籌資方式。由於可轉換債券賦予債券持有人將來成為公司股東的權利，因此其利率通常低於不可轉換債券。若將來轉換成功，在轉換前發行企業達到了低成本籌資的目的，轉換後又可節省股票的發行成本。根據《公司法》的規定，發行可轉換債券應由國務院證券管理部門批准，發行公司應同時具備發行公司債券和發行股票的條件。

目前在滬、深證券交易所上市的可轉換債券是指能夠轉換成股票的企業債券，兼有股票和普通債券雙重特徵。它的一個重要特徵就是有轉股價格。在約定的期限後，投資者可以隨時將所持的可轉換債券按股價轉換成股票。可轉換債券的利率是年均利息對票面金額的比率，一般要比普通企業債券的利率低，通常發行時以票面價發行。轉換價格是轉換發行的股票每一股所要求的公司債券票面金額。

②不可轉換債券。

不可轉換債券是指不能轉換為普通股的債券，又稱為普通債券。由於其沒有賦予債券持有人將來成為公司股東的權利，所以其利率一般高於可轉換債券。

第五，按付息的方式將債券劃分為零息債券、固定利率債券和浮動利率債券三種。
①零息債券。

零息債券，也叫貼現債券，是指債券券面上不附有息票，在票面上不規定利率，發行時按規定的折扣率，以低於債券面值的價格發行，到期按面值支付本息的債券。從利息支付方式來看，貼現國債以低於面額的價格發行，可以看作是利息預付，因而又可稱為利息預付債券、貼水債券。它是期限比較短的折現債券。

②固定利率債券。

固定利率債券是將利率印在票面上並按其向債券持有人支付利息的債券。該利率不隨市場利率的變化而調整，因而固定利率債券可以較好地抵制通貨緊縮風險。

③浮動利率債券。

浮動利率債券的息票率是隨市場利率變動而調整的利率。因為浮動利率債券的利率同當前市場利率掛勾，而當前市場利率又考慮到了通貨膨脹率的影響，所以浮動利率債券可以較好地抵制通貨膨脹風險。其利率通常根據市場基準利率加上一定的利差來確定。浮動利率債券往往是中長期債券。

第六，按是否能夠提前償還將債券劃分為可贖回債券和不可贖回債券兩種。
①可贖回債券。

可贖回債券是指在債券到期前，發行人可以以事先約定的贖回價格收回的債券。公司發行可贖回債券主要是考慮到公司未來的投資機會和迴避利率風險等問題，以增加公司資本結構調整的靈活性。發行可贖回債券最關鍵的問題是贖回期限和贖回價格的制定。

②不可贖回債券。

不可贖回債券是指不能在債券到期前收回的債券。

第七，按償還方式不同將債券劃分為一次到期債券和分期到期債券兩種。
①一次到期債券。

一次到期債券是發行公司於債券到期日一次償還全部債券本金的債券。

②分期到期債券。

分期到期債券可以減輕發行公司集中還本的財務負擔。

第八，按計息方式將債券劃分為單利債券、複利債券和累進利率債券三種。
①單利債券。

單利債券指在計息時，不論期限長短，僅按本金計息，所生利息不再加入本金計算下期利息的債券。

②複利債券。

複利債券與單利債券相對應，指計算利息時，按一定期限將所生利息加入本金再計算利息，逐期滾算的債券。

③累進利率債券。

累進利率債券是指年利率以利率逐年累進方法計息的債券。累進利率債券的利率隨著時間的推移，後期利率比前期利率更高，呈累進狀態。

第九，按債券是否記名將債券劃分為記名債券和無記名債券兩種。這種分類類似

於記名股票與無記名股票的劃分。在公司債券上記載持券人姓名或名稱的為記名公司債券；反之為無記名公司債券。兩種債券在轉讓上的差別也與記名股票、無記名股票相似。

第十，按是否上市流通將債券劃分為上市債券和非上市債券兩種。

①上市債券。

上市債券就是指可以在流通市場上交易的債券。上市債券信用度高，價值高，且變現速度快，故而容易吸引投資者，但上市條件嚴格，並要承擔上市費用。

根據滬、深證交易所關於上市企業債券的規定，企業債券發行的主體可以是股份公司，也可以是有限責任公司。申請上市的企業債券必須符合以下條件：

a. 經國務院授權的部門批准並公開發行；股份有限公司的淨資產額不低於人民幣三千萬元，有限責任公司的淨資產額不低於人民幣六千萬元；

b. 累計發行在外的債券總面額不超過企業淨資產額的百分之四十；

c. 最近三年平均可分配利潤足以支付債券一年的利息；

d. 籌集資金的投向符合國家產業政策及發行審批機關批准的用途；

e. 債券的期限為一年以上；

f. 債券的利率不得超過國務院限定的利率水平；

g. 債券的實際發行額不少於人民幣五千萬元；

h. 債券的信用等級不低於 A 級；

i. 債券有擔保人擔保，其擔保條件符合法律、法規規定；資信為 AAA 級且債券發行時主管機關同意豁免擔保的債券除外；

j. 公司申請其債券上市時仍符合法定的債券發行條件；交易所認可的其他條件。

②非上市債券。

非上市債券就是指不允許在流通市場上交易的債券。它不能自由轉讓，可以記名，也可以不記名。

第十一，按償還期限長短將債券劃分為短期債券、中期債券和長期債券三種。

①短期債券。

短期債券是指償還期限為 1 年或 1 年以內的債務，它具有週轉期短及流動性強的特點，在貨幣市場上佔有重要地位。

②中期債券。

中期債券是指償還期在 1 年以上、10 年以下的債券。

③長期債券。

長期債券是指償還期限在 10 年或 10 年以上的債券，一般被用作政府投資的來源，在資本市場上有著重要地位。

第十二，按募集方式將債券劃分為公募債券和私募債券。

①公募債券。

公募債券指按法定手續，經證券主管機構批准在市場上公開發行的債券，其發行對象是不限定的。這種債券的認購者可以是社會上的任何人。發行者一般有較高的信譽。除政府機構、地方公共團體外，一般企業必須符合規定的條件才能發行公募債券，

這種債券由於發行對象是廣大的投資者，因而要求發行者必須遵守信息公開制度，向證券主管部門提交有價證券申報書，向投資者提供多種財務報表和資料，以保護投資者的利益，防止詐欺行為的發生。

②私募債券。

私募債券指以特定的少數投資者為對象發行的債券，發行手續簡單，一般不能公開上市交易。

私募債券是發行者向與其有特定關係的少數投資者為募集對象而發行的債券。該債券的發行範圍很小，其投資者大多數為銀行或保險公司等金融機構，它不採用公開呈報制度，債券的轉讓也受到一定程度的限制，流動性較差，但其利率水平一般較公募債券要高。

（5）債券評級。

公司公開發行債券通常需要由債券評信機構評定等級。債券的信用等級對於發行公司和購買人都有重要影響。這是因為：

債券評級是度量違約風險的一個重要指標，債券的等級對於債務融資的利率以及公司債務成本有著直接的影響。一般說來，資信等級高的債券，能夠以較低的利率發行；資信等級低的債券，風險較大，只能以較高的利率發行。另外，許多機構投資者將投資範圍限制在特定等級的債券之內。

債券評級方便投資者進行債券投資決策。對廣大投資者尤其是中小投資者來說，由於受時間、知識和信息的限制，無法對眾多債券進行分析和選擇，因此需要專業機構對債券的還本付息的可靠程度進行客觀、公正和權威的評定，為投資者決策提供參考。

國際上流行的債券等級是3等9級。AAA級為最高級，AA級為高級，A級為上中級，BBB級為中級，BB級為中下級，B級為投機級，CCC級為完全投機級，CC級為最大投機級，C級為最低級。

3.3　金融衍生工具

3.3.1　金融衍生工具概述

近些年來，金融衍生工具如期權、期貨越來越受到人們的關注。這些金融工具提供的收益依賴於其他資產的價值，如商品價格、債券價格、股票價格或市場指數的價值。因此，這些金融工具也被稱為衍生資產，它們的價值隨其他資產價值的變化而變化。

金融衍生工具是一種高風險、高回報的投資行為或交易方式，這是因為它具有很強的財務槓桿作用。槓桿是一種助力工具或器械。所謂槓桿作用，在金融衍生工具範疇意為投資者或投機者以少量資金作為成本（如期貨交易中的保證金或者期權交易中的期權費），來對成倍數量的基礎資產的市場價格運動趨勢或漲跌幅度進行「打賭」，

以期賺取風險利潤（即利用金融衍生工具進行投機交易）；或者是指套期保值者通過衍生交易用少量的成本建立起沖抵性質的保值頭寸，以轉移或抵消在日常生產經營活動中遇到的數量大得多的價格風險、利率風險或匯率風險（即利用金融衍生工具進行保值交易）。

衍生金融產品的迅猛發展已成為現代國際金融市場的主要特徵和趨勢之一，對各金融投資機構的投資管理活動都產生了巨大影響。

3.3.2 金融衍生工具的特點

（1）槓桿性。

金融衍生產品的共同特徵是保證金交易，即只要支付一定比例的保證金就可進行全額交易。因此，金融衍生產品交易具有槓桿效應，保證金比例越低，槓桿效應越大，風險也就越大。例如，若期貨交易保證金為合約金額的5%，則期貨交易者可以控製20倍於所投資金額的合約資產，實現以小搏大的效果。在收益可能成倍放大的同時，投資者所承擔的風險與損失也會成倍放大，基礎工具價格的輕微變動也許就會帶來投資者的大盈大虧。金融衍生工具的槓桿效應在一定程度上決定了它的高投機性和高風險性。

（2）不確定性或高風險性。

金融衍生工具的交易後果取決於交易者對基礎工具（變量）未來價格（數值）的預測和判斷的準確程度。基礎工具價格的變幻莫測決定了金融衍生工具交易盈虧的不穩定性，這是金融衍生工具高風險性的重要誘因。基礎金融工具價格不確定性僅僅是金融衍生工具風險性的一個方面，國際證監會組織在1994年7月公布的一份報告中，認為金融衍生工具還伴隨著以下幾種風險：

①交易中對方違約，沒有履行所作承諾造成損失的信用風險；
②因資產或指數價格不利變動可能帶來損失的市場風險；
③因市場缺乏交易對手而導致投資者不能平倉或變現所帶來的流動性風險；
④因交易對手無法按時付款或交割可能帶來的結算風險；
⑤因交易或管理人員的人為錯誤或系統故障、控製失靈而造成的運作風險；
⑥因合約不符合所在國法律，無法履行或合約條款遺漏及模糊導致的法律風險。

（3）跨期性。

金融衍生工具是交易雙方通過對利率、匯率、股價等因素變動趨勢的預測，約定在未來某一時間按照一定條件進行交易或選擇是否交易的合約。無論是哪一種金融衍生工具，都會影響交易者在未來一段時間內或未來某時點上的現金流，跨期交易的特點十分突出。這就要求交易雙方對利率、匯率、股價等價格因素的未來變動趨勢做出判斷，而判斷的準確與否直接決定了交易者的交易盈虧。

（4）聯動性。

聯動性是指金融衍生工具的價值與基礎產品或基礎變量緊密聯繫、規則變動。通常，金融衍生工具與基礎變量相聯繫的支付特徵由衍生工具合約規定，其聯動關係既可以是簡單的線性關係，也可以表達為非線性函數或者分段函數。

(5) 降低交易成本。

從金融衍生工具的槓桿性就可以看出，投資者運用此類工具進行風險管理時，無須動用巨額的資金，大大降低了交易成本。

3.3.3　金融衍生工具的種類

隨著金融市場的發展，金融衍生工具的種類越來越多。在此，我們介紹幾種最常見的金融衍生工具，分別是期貨合約、期權合約、遠期合約和互換合同。

(1) 期貨合約。

期貨合約是指在規定的交割日或到期日按約定的價格對某一資產（標的物）進行交割的合約。持有多頭頭寸的交易者承諾在交割日購買資產，而持有空頭頭寸的交易者承諾在合約到期時出售資產。

期貨合約是由期貨交易所統一制定的標準化合約，合約中規定了具體的交易時間、交易地點、交易數量，甚至規定了標的物的質量。

金融期貨具有轉移價格風險的功能。投資者可以利用期貨多頭或空頭把價格風險轉移出去，從而實現避險的目的。但是值得注意的是，對單個個體而言，利用期貨交易可以達到預測價格的目的。

期貨合約還有價格發現功能。期貨價格是所有參與期貨交易的人在未來對某一特定時間的現貨價格的期望或預期。不論是期貨合約的多頭還是空頭，都會以其個人所持的立場或所掌握的市場諮詢，並對過去的價格表現加以研究後做出買賣委託。而交易所通過電腦撮合公開競價出來的價格即為此瞬間市場對未來某一特定時間現貨價格的平均看法。這就是期貨合約的價格發現功能。投資者可以利用期貨市場的價格發現功能進行相關的決策以提高自身適應市場的能力。

根據期貨合約標的物的不同，可以將期貨合約分為商品期貨和金融期貨。

商品期貨就是以各種實物商品包括農產品、有色金屬等作為標的物的期貨合約。

金融期貨就是以各種金融商品如外匯、債券、股價指數等作為標的物的期貨合約。金融期貨又可以具體地分為外匯期貨、利率期貨、股票指數期貨等，顧名思義，就是分別以外匯的匯率、與利率有關的有價證券、股票指數作為標的物的期貨合約。

(2) 期權合約。

期權是指持有者能在規定的期限內按交易雙方商定的價格購買或出售一定數量的某種特定商品的權利。

期權與期貨最重要的不同在於，在期權交易中買賣雙方所處的地位是不平等的。期權賦予買方在有效期內買進或賣出一定數量的標的物的選擇權，買方可以選擇執行，也可以選擇不執行，但為了獲得這種靈活的選擇權，買方必須向賣方支付一定數量的期權費；而賣方則只有按照買方的要求履行義務，沒有主動選擇放棄的權利。在這種情況下，買方的虧損是有限的，最大虧損額即已經支付的期權費，所以買方不需要再向交易所另外繳納保證金，但其期權合約的盈利是無限的；而期權賣方的盈利是有限的，即買方支付的期權費，但其虧損是無限的，所以賣方必須繳納履約保證金。由此

看來，期權合約的風險巨大，而且對買賣雙方來說風險不對稱。

由於期權交易方式、方向、標的物等方面的不同，產生了眾多的期權品種，對期權進行合理的分類，更有利於我們瞭解外匯期權產品。

第一，按期權的權利劃分，有看漲期權和看跌期權兩種類型。

看漲期權（Call Options）賦予其持有者在到期日或到期日之前以特定價格（即執行價格）購買某種資產的權利。具體來說，看漲期權的買方向期權的賣方支付一定數額的權利金後，即擁有在期權合約的有效期內，按事先約定的價格向期權賣方買入一定數量的期權合約規定的特定商品的權利，但不負有必須買進的義務。而期權賣方有義務在期權規定的有效期內，應期權買方的要求，以期權合約事先規定的價格賣出期權合約規定的特定商品。

相反，看跌期權（Put Options）賦予其持有者在到期日之前以特定的價格出售某種資產的權利。具體來說，看跌期權的買方向期權的賣方支付一定數額的權利金後，即擁有在期權合約的有效期內，按事先約定的價格向期權賣方賣出一定數量的期權合約規定的特定商品的權利，但不負有必須賣出的義務。而期權賣方有義務在期權規定的有效期內，應期權買方的要求，以期權合約事先規定的價格買入期權合約規定的特定商品。

第二，按期權的交割時間劃分，有美式期權、歐式期權和百慕大期權三種類型。

美式期權是指在期權合約規定的有效期內任何時候都可以行使權利。

歐式期權是指在期權合約規定的到期日方可行使權利，期權的買方在合約到期日之前不能行使權利，過了期限，合約則自動作廢。

百慕大期權是一種可以在到期日前所規定的一系列時間行權的期權，百慕大期權可以被視為美式期權與歐式期權的混合體，如同百慕大群島混合了美國文化和英國文化一樣。目前中國新興的外匯期權業務，類似於歐式期權，但又有所不同。

第三，按期權合約上的標的劃分，有股票期權、股指期權、利率期權、商品期權以及外匯期權等種類。

股票期權：買方在支付了期權費後，即取得在合約規定的到期日或到期日之前按約定的價格買入或賣出一定數量相關股票的權利。

股指期權：以股票指數為標的物，買方在支付了期權費以後，即取得在合約有效期內或到期時以協議指數與市場實際指數進行盈虧結算的權利。股指期權沒有可作為實物交割的具體股票，採取現金軋差的方式結算。

利率期權：買方在支付了期權費後，即取得在合約有效期內或到期時以一定的利率買入或賣出一定面額的利率工具的權利。利率期權合約通常以政府短期、中期、長期債券，歐洲美元債券，大面額可轉讓存單等利率工具為標的物。

外匯期權：又叫外幣期權、貨幣期權，指買方在支付了期權費後即取得在合約有效期內或到期日時以約定的匯率購買或出售一定數量某種外匯資產的權利。貨幣期權合約主要以美元、歐元、日元、英鎊、瑞士法郎、加拿大元及澳元等為標的物。

商品期權：指標的物為實物的期權，是一種可以在合約規定的交易日買賣的權利。

（3）遠期合約。

遠期合約指合約雙方同意在未來日期按照固定價格交換金融資產的合約，承諾以當前約定的條件在未來進行交易的合約，會指明買賣的商品或金融工具種類、價格及交割結算的日期。合約中約定買賣的金融資產稱為基礎資產或者標的資產，約定的買賣價格稱為交割價，約定的交割日期稱為到期日，允諾買入標的資產的一方稱為多頭方，允諾賣出標的資產的一方稱為空頭方。

遠期合約是現金交易，買方和賣方達成協議在未來的某一特定日期交割一定質量和數量的商品。價格可以預先確定或在交割時確定。

遠期合約是場外交易，如同即期交易一樣，交易雙方都存在風險。因此，遠期合約通常不在交易所內交易。倫敦金屬交易所中的標準金屬合約是遠期合約，它們在交易所大廳中交易。

遠期合約是必須履行的協議，不像可選擇不行使權利（即放棄交割）的期權。遠期合約亦與期貨不同，其合約條件是為買賣雙方量身定制的，通過場外交易（OTC）達成，而後者則是在交易所買賣的標準化合約。遠期合約規定了將來交換的資產、交換的日期、交換的價格和數量，合約條款因合約雙方的需要不同而不同。遠期合約主要有遠期利率協議、遠期外匯合約等。

遠期外匯合約是指交易雙方先簽訂遠期交易合同，確定交易的數量、匯率和交割期限，然後在合約到期時再按合同規定辦理貨幣交割收付的交易。其基本功能是規避匯率變動的風險，固定進出口貿易和國際借貸投資的成本和收益。

遠期利率協議是交易雙方達成的、同意在未來某個約定的日期（協議起息日、結算日），對雙方約定的名義借款本金在未來一段時間內（從起息日開始至協議到期日）按約定利率與市場實際利率之差計算的利息差額進行交割的一種遠期利率協議。在協議到期時，如果市場實際利率高於協議中約定的協議利率，則名義本金貸款人向借款人支付利息差額；反之，名義本金借款人向貸款人支付利息差額。名義本金借款人簽訂遠期利率協議的主要目的是為了防範未來市場實際利率上升可能使未來的實際借款成本上升的風險；而名義本金貸款人簽訂遠期利率協議的目的，主要是為了防範未來市場實際利率下跌可能使未來實際貸款收益下跌的風險。

（4）互換合同。

互換合同是指合同雙方在未來某一期間內交換一系列現金流量的合同。按合同標的項目不同，互換可以分為利率互換、貨幣互換、商品互換、權益互換等。其中，利率互換和貨幣互換比較常見。

利率互換是指兩筆貨幣相同、債務額相同（本金相同）、期限相同的資金，做固定利率與浮動利率的調換。這個調換是雙方的，如甲方以固定利率換取乙方的浮動利率，乙方則以浮動利率換取甲方的固定利率，故稱互換。互換的目的在於降低資金成本和利率風險。利率互換與貨幣互換都是於1982年開拓的，是適用於銀行信貸和債券籌資的一種資金融通新技術，也是一種新型的避免風險的金融技巧，目前已在國際上被廣泛採用。

貨幣互換（又稱貨幣掉期）是指兩筆金額相同、期限相同、計算利率方法相同，但貨幣不同的債務資金之間的調換，同時也進行不同利息額的貨幣調換。簡單來說，利率互換是相同貨幣債務間的調換，而貨幣互換則是不同貨幣債務間的調換。貨幣互換雙方互換的是貨幣，它們之間各自的債權債務關係並沒有改變。初次互換的匯率以協定的即期匯率計算。貨幣互換的目的在於降低籌資成本及防止匯率變動風險造成的損失。貨幣互換的條件與利率互換一樣，包括存在品質加碼差異與相反的籌資意願，此外，還包括對匯率風險的防範。

4 金融投資風險與收益理論

4.1 金融投資風險概述

4.1.1 風險的概念和特徵

什麼是風險？風險代表著收益的不確定性。金融投資風險，就是指金融產品預期收益的不確定性，包括可能的損失和可能的收益。

金融投資是一種非常複雜且充滿風險的金融活動。人們進行投資的直接目的是為了獲取收益，但收益和投資之間存在時間上的滯後，這種滯後導致收益受到許多不確定性因素的影響，使投資者可能得不到預期的收益甚至發生虧損，這便是金融投資活動的風險。風險和收益是相伴的。投資者只要不滿足於無風險收益率，而想獲得超額收益率，就必須承擔一定的風險。投資者不可能完全消除風險，只能盡可能地降低和控制風險。只有在正確地識別風險、認清風險根源、準確估計風險大小的基礎上才能有效地控制風險。

金融投資風險作為一種風險，在具備了一般風險特徵的同時，也有其自身特有的性質，這主要是由股票證券的特殊性所決定的，即證券僅是一種虛擬資本或價值符號，其價格體現了投資者對未來收益的預期。根據金融投資風險的定義，我們將其主要特徵歸納為以下六個方面：

（1）客觀存在性。

由於證券市場的風險因素是客觀存在的，通過其在時間和數量上累積，引發風險事故從而影響整個證券市場的價格波動，造成了投資者的實際收益與預期收益的偏差，所以金融投資風險也是客觀存在的，不以投資者的主觀意志為轉移。在證券市場的投資活動中，人們通常所說的「風險防範」也是在承認金融投資風險客觀存在的前提下設法規避和降低風險。

（2）不確定性。

由風險因素觸發的風險事故，會引起投資者心理預期的改變，從而造成市場的價格波動，並進一步對投資者的投資收益產生影響，其具體表現為實際收益相對於預期收益的偏差。偏差可能是正的（高於預期），也可能是負的（低於預期），因此，金融投資風險具有不確定性。

（3）可測度性。

儘管金融投資風險具有不確定性，但我們仍然可以通過一定的方法來對其大小進

行測度。從統計學的角度來看，金融投資風險是實際收益與預期收益的偏離程度，偏離程度越高，風險越大，偏離程度越低，風險越小。同時，我們可以運用一定的統計方法對收集的歷史數據進行計算，從而實現這種偏離程度的量化。

（4）相對性。

金融投資風險是相對的，由於投資者對風險偏好的不同，他們各自對風險也會採取不同的態度，風險承受能力強的為獲取高收益而敢冒高風險，風險承受能力低的為避免風險而寧可選擇低收益。因此，某一程度的金融投資風險在某些投資者看來很高，而在某些投資者看來很低。

（5）危害性。

雖然金融投資風險會給投資者的實際收益帶來一定的不確定性，但涉及可能發生的損失和收益與投資者的預期偏差過大時，金融投資風險就具有一定的危害性。如前所述，當證券市場價格波動幅度過大時，容易引發過度的投機行為，投資者在盲目追漲的同時，往往會蒙受慘重的損失。另外，隨著證券市場內在風險的進一步擴大，會引發金融風暴和經濟危機，對國家的社會、經濟、政治的穩定造成相當大的危害。

（6）可防範性。

儘管金融投資風險是客觀存在的，同時又帶有不確定性，甚至達到一定程度後更具危害性，但我們仍然可以採取一定的方法來防範和規避金融投資風險，盡可能避免或減小風險帶來的損失和危害。比如投資者可以借鑑現代投資組合理論，利用分散化投資來降低投資組合的風險，同時，他們也可以通過做空機制來對沖證券市場價格下跌所帶來的風險。政府可以通過對現行制度進行改革以及加強市場監管力度，從根本上消除可能出現的金融投資風險。

4.1.2 風險的分類

基於風險是否可分散，主要將金融投資風險分為系統性風險和非系統性風險兩類。

（1）系統性風險。

系統性風險即市場風險，是指由於全局性事件引起的投資收益變動的不確定性。由於這些影響因素來自於企業外部，是單一金融資產無法迴避的，因此系統性風險是不可迴避風險。另外，由於系統性風險對所有公司、企業、證券投資者和證券種類均產生影響，因而通過多樣化投資不能抵消這樣的風險，所以又成為不可分散風險或不可多樣化風險。

系統性風險主要包括政策風險、經濟週期性波動風險、利率風險、購買力風險、匯率風險等。

①政策風險。

政策風險是指因國家宏觀政策（如貨幣政策、財政政策、行業政策、地區發展政策等）發生變化，導致市場價格波動而產生風險。

政策風險主要包括反向性政策風險和突變性政策風險。反向性政策風險是指市場在一定時期內，由於政策的導向與資產重組內在發展方向不一致而產生的風險。當資產重組運行狀況與國家調整政策不相容時，就會加大這種風險，各級政府之間出現的

政策差異也會導致政策風險。突變性政策風險是指由於管理層政策口徑發生突然變化而給資產重組造成的風險。國內外政治經濟形勢的突變會加大企業資產重組的政策風險。

對於政策風險的防範，首先要提高對政策風險的認識，應及時地觀察、分析和研究可能出現的政策風險，以提高對政策風險客觀性和預見性的認識，充分掌握政策風險管理的主動權；其次要對政策風險進行預測和決策，在風險預測的基礎上，搞好風險項目的重點管理，正確做出處理政策風險的決策，並根據決策方案，採取各種預防措施，力求降低風險；最後，對政策性風險管理應側重於對潛在的政策風險因素進行分析，並採用科學的風險分析方法，通過對政策風險的有效管理，可以使企業避免或減少各種不必要的損失，確保金融活動的順利進行。

②利率風險。

利率風險是指市場利率變動引起金融投資收益變動的可能性。市場利率的變化會引起證券價格的變化，進而影響證券的收益，造成不確定性。利率與政策價格呈反方向變化，即利率提高，證券價格降低；利率下降，證券價格上漲。這是因為當市場利率提高時，會吸引一部分資金流向銀行儲蓄、商業票據等其他金融資產，減少對證券的需求，使證券價格下降。

③購買力風險。

購買力風險，又叫通貨膨脹風險，是指由於通貨膨脹、貨幣貶值給投資者帶來實際收益水平下降的風險。在通貨膨脹的情況下，物價普遍上漲，社會經濟運行秩序混亂，企業生產經營的外部條件惡化，金融市場也難免深受其害，並且，保持合適的通貨膨脹比率是一國經濟所必需的，所以購買力風險是難以迴避的。在通貨膨脹條件下，隨著商品價格的上漲，證券價格也會上漲，投資者的貨幣收入也會有所增加，會使他們忽視通貨膨脹風險的存在，並產生收益增加的幻覺。事實上，由於貨幣貶值，貨幣購買力水平下降，投資者的實際收益非但沒有增加，反而有所減少。

一般來講，可通過計算實際收益率來分析購買力風險：1+名義收益率=(1+實際收益率)×(1+通貨膨脹率)，略掉交叉項可簡化為：實際收益率=名義收益率−通貨膨脹率。這裡的名義收益率指的是債券的票面利率或股票的股息率。只有當名義收益率大於通貨膨脹率時，投資者才有實際收益。購買力風險對不同證券的影響是不同的，受其影響最大的就是固定收益證券，如優先股、債券。因為它們的名義收益率是固定的，因此當通貨膨脹率升高時，其實際收益率就會明顯下降，因而固定收益證券的購買力風險最大。另外，長期債券較短期債券的購買力風險較大，浮動利率債券和保值貼補債券的購買力風險較小。普通股股票的購買力風險也較小，這是因為當發生通貨膨脹時，由於公司產品價格上漲，股份公司的名義收益會增加。特別是當公司產品價格的上漲幅度大於生產成本的上漲幅度時，公司淨盈利增加，進而股息會增加，股票價格也會隨之提高，普通股股東可獲得較高收益，沖抵購買力風險帶來的部分損失。

④匯率風險。

匯率風險是指由不同貨幣之間的匯率變動所造成的金融投資收益變動的風險。匯率是各國貨幣間的兌換比率，它聯繫著各國之間的貨幣關係、反應各國貨幣價格的對

比，以及各國生產成本和收益的比較。兩個貨幣之間的匯率主要由兩個貨幣的相對購買力決定，因而可反應兩國物價的相對變化。各國通貨膨脹率的差異是決定匯率變化的基礎。此外，國際收支狀況、利率水平、金融政策以及政治、軍事等因素都會影響匯率的波動。若投資者投資於外國資產，匯率的變動會給其帶來外匯得益或者外匯損失。所以，投資於外國資產的收益要通過匯率變動予以調整。實際投資收益率小於名義收益率表明有外匯損失，反之，實際收益率大於名義收益率則表明有外匯得益。

（2）非系統性風險。

非系統性風險是指由非全局性事件引起的投資收益率變動的不確定性。在現實生活中，各個公司的經營狀況會受其自身因素（如決策失誤、新產品研製的失敗）的影響，這些因素跟其他企業沒有什麼關係，只會造成該家公司證券收益率的變動，不會影響其他公司的證券收益率，它是某個行業或公司遭受的風險。由於一種或幾種證券收益率的非系統性變動跟其他證券收益率的變動沒有內在的、必然的聯繫，因而可以通過證券多樣化方式來消除這類風險，所以它又被稱為可分散的風險或可多樣化風險。

證券投資的總風險是系統風險和非系統風險的總和。

①信用風險。

信用風險又稱違約風險，是指借款人、證券發行人或交易對方因種種原因，不願或無力履行合同條件而構成違約，致使銀行、投資者或交易對方遭受損失的可能性。證券發行人如果不能支付債券利息、優先股股息或償還本金，哪怕僅僅是延期支付，都會影響投資者的利益，使投資者失去再投資和獲利的機會，遭受損失。信用風險實際上揭發了發行人在財務狀況不佳時出現違約或破產的可能，它主要受證券發行人自身的經營能力、盈利水平及規模大小等因素的影響。債券、優先股、普通股都可能發生違約風險，但由於企業破產清算時的償還順序不同，所以其風險程度有所不同。公司上市或者發行股票和債券時，往往會請專業的信用評級機構對其信用級別進行評級，一般來說，信用級別越高的證券，信用風險越小；反之，信用風險越大。

②財務風險。

財務風險是指公司財務結構不合理、融資不當使公司可能喪失償債能力而導致投資者預期收益下降的風險。財務風險是企業在財務管理過程中必須面對的一個現實問題，財務風險是客觀存在的，企業管理者對財務風險只有採取有效措施來降低風險，而不可能完全消除風險。

③營運風險。

營運風險是指企業或投資者個人在投資過程中對未來預期的偏差，導致決策不當或操作失誤，使投資收益偏離預期收益的可能性。營運風險主要表現在三個方面。一是由於可供決策使用的信息不當導致決策不當。二是由於信息傳遞過程中出現的不可避免的延遲和偏差導致決策執行不當。在現代企業組織結構中，決策職能和執行職能往往是由不同的部門實施的，一項決策決定之後經過多層的傳遞到達最終操作人員的手裡，可能已經失去了適時性和準確性，從而導致損失。三是不可避免的操作失誤，指的是源於操作人員的業務技能不精或由偶然因素帶來的操作失誤。

4.2 收益率與風險

4.2.1 利率水平

利率水平及未來利率的預測是做投資決策時諸多環節中非常重要的一環。眾所周知，預測利率是應用宏觀經濟學中最為困難的一部分。但即使如此，利率水平仍然由一些基本要素決定：

①來自於存款人（主要是家庭）的資金供給；
②來自於企業投資工廠車間、設備以及存貨的融資需求；
③通過美聯儲運作調整後政府的淨資金供給或資金需求。

下面，我們將循序漸進地解釋這幾個因素的作用機制。

在前面，我們已經提及過實際利率和名義利率這兩個概念，在此我們將詳細地介紹實際利率和名義利率。利率是指在一定期限內（1個月、1年、20年甚至更長）因持有一定量某種計價單位（人民幣、美元、歐元甚至購買力）而承諾的回報率。

假設不存在違約風險，我們便可以把以上承諾的利率看作該計價單位此特定期限的無風險利率。無風險利率必須對應一種計價單位和一個時間期限。無風險利率不是絕對的零風險，舉例來說，無風險利率在使用購買力計量時就會因為通貨膨脹的不確定性而存在風險。

考慮期限為一年的無風險利率。假定1年前你在銀行存了1,000元，期限為1年，利率為10%，那麼現在你將得到1,100元的現金。又假定在過去的1年裡通貨膨脹率為6%，也就是說你手中貨幣的購買力在過去的1年裡下降了6%，每一元能夠購買的商品減少了6%。利息收益的一部分將用於彌補由於6%的通貨膨脹率導致的購買力下降，最終你將只能得到4%的購買力增加。所以，我們必須區別名義利率和實際利率，名義利率衡量的是資金量增長率，實際利率衡量的是購買力增長率。將名義利率設為R，將實際利率設為r，通貨膨脹率設為i，則有：

$$1+r=(1+R)/(1+i) \qquad (4.1)$$

近似來看，有：

$$r \approx R-i \qquad (4.2)$$

由式（4.1）可以推導出：$r=(R-i)/(1+i)$，顯然可以看出由式（4.2）得出的近似值高估了實際利率$1+i$倍。

在做出決策之前，投資者應當明白儲蓄存單上所給出的是名義利率，因而投資者應當從中除去通貨膨脹率才能得到投資項目的實際收益率。

4.2.2 不同金融資產的收益特徵（以股票和債券為例）

（1）股票投資的收益。

股票投資收益由兩部分組成：第一部分為股票持有收益，即投資者通過長時期持

有某種股票而獲取的股息收益,通常包括股息和紅利;第二部分為股票交易收益,即投資者通過買賣股票而形成的價差收益。

股票持有收益即股息收益,是指企業在自己的稅後利潤中分配給股東的現金或股票等有價資產。股息的派發主要採取三種形式。一是現金形式,是指公司直接以貨幣形式支付給股票持有者的股息,它是最普通、最常見的股息支付方式。發放現金股息的優點在於使投資者對公司充滿信心,支持股價的不斷上揚。但這種方式不利於公司的資本累積,影響公司的資金週轉。二是股票形式,是指公司以其股票作為股息支付給股東的一種方式。它實質上是無償增資的一種形式。採用這種股息方式,可以減少資本外流,擴大公司資金實力,使股東財產增加的同時能免交一定數量的所得稅。若股價上升,投資者還可獲得填權效應帶來的收益。三是財產形式,是指公司以其持有的有價證券或實物向股票投資者所支付的股息。這裡的有價證券主要包括公司持有的股票、債券、應付票據等。

股票交易收益是指股票持有者以低價買進、高價賣出而獲得的差價收入,又稱資本利得、資本收益。投資者欲想獲取理想的股票交易收益,首先要選擇好股票投資對象,其次要選擇好股票買賣時機。從理論上講,唯有選擇出了高質量、高效率的股票,並在股票價格最低時買進、最高時賣出,才能獲得最理想的股票交易收益。實際上這只是一種假設,任何投資者都不可能做到這一點。但投資者可以通過一系列的科學選擇,盡可能地獲得較大的股票交易收益。股票交易收益也是股票投資的主要收益來源,尤其在金融市場不完善的國家,當沒有一個成熟的市場參與者時,大多數上市公司並不積極地派發股利,股票交易收益就成了股票投資收益的主要來源。

(2) 債券投資的收益。

債券投資收益也主要由兩部分構成:一是債券持有收益,投資者持有某種債券而獲取的債券利息;二是債券交易收益,債券投資者通過債券市場獲取的債券買進價格與賣出價格的差額。

債券持有收益即債券利息,是指發行債券時所規定的債券票面利息或利率,它是債券投資收益的主要部分。債券利率一般由發債人事先確定,並且一旦確定,便不再變動(浮動利率債券除外)。它既不像股票的股息那樣受公司經營狀況的影響,也不像銀行存款那樣單純由期限長短決定。債券利率的高低一般受以下諸因素影響:債券期限的長短、債券發行價格、金融市場上的利率水平、債券的信用級別等。

債券交易收益是指投資者通過在金融市場上買賣債券所獲得的差價收益。投資者在金融市場上購買債券無非有兩種情況,要麼通過發行市場認購新債,此時的買入價就是認購價,要麼通過交易市場購買上市交易債券,此時的買入價就是市場買入價。投資者如果持有債券到期,那麼舉債人到期支付的價格就是賣出價;如果在債券到期之前通過二級市場進行出售,那麼賣出價就是轉讓價格。賣出價與買入價之間的差額就是債券投資的交易收益。投資者根據市場行情的分析在低價時買進、在高價時賣出就可以獲得差價收益。金融市場上債券的價格是經常波動的,因此差價收益的獲得就具有不確定性。但是與股票價格波動相比,其波動幅度要小得多。債券價格的波動要受到政府宏觀調控政策、利率水平、物價水平和匯率水平的影響。

4.2.3 不同的收益率與風險

(1) 持有期收益率。

假設你正在投資於股票指數基金，每一份額的現價是 100 元，持有期為 1 年。實現的投資收益率由每份額年末價格和這一年的現金股利決定。

假定每份額的期末價格為 110 美元，這一年的現金股利為 4 美元。實現的收益率即為持有期為 1 年的持有期收益率（Holding Period Return，簡稱 HPR），可以表示為：

$$HPR = (期末每份價格 - 期初價格 + 現金股利) / (期初價格)$$

持有期收益率的定義假設股利在持有期期末支付。如果股利提前支付，那麼持有期收益率便忽略了股利支付點到期末這段時間的再投資收益。來自股利的收益百分比被稱為股息收益率，即現金股利比期初價格這一部分，持有期收益率即股息收益率加上資本利得收益率。

(2) 期望收益率。

期望收益率是在不同情境下收益率以發生概率為權重的加權平均值。假設 $p(s)$ 是各種情境的概率，$r(s)$ 是各種情境的持有期收益率，情境由 s 來標記，那麼我們可以將期望收益率表示為：

$$E(r) = \sum p(s)r(s) \tag{4.3}$$

收益率的標準差是度量風險的一種方法。它是方差的平方根，方差是與期望收益偏差的平方的平均值。結果的波動性越強，這些方差的均值就越大。因此，方差和標準差提供了測量結果不確定性的一種方法，也就是：

$$\sigma^2 = \sum p(s)[r(s) - E(r)]^2 \tag{4.4}$$

(3) 超額收益和風險溢價。

我們把收益表示為證券的預期持有期收益率和無風險收益率（無風險收益率指的是當你把資金投入無風險資產如活期存款、貨幣市場基金時獲得的利率）的差值稱為風險溢價。在任何一個特定的階段，風險資產的實際收益率與實際無風險收益率的差值稱為超額收益。因此，風險溢價是超額收益的期望值，超額收益的標準差是其風險的測度。

投資者投資股票的意願取決於其風險厭惡水平。金融分析師通常假設投資者為風險厭惡的，當風險溢價為 0 時，人們不願意對股票市場做任何投資。理論上來說，必須有正的風險溢價來促使風險厭惡的投資者繼續持有現有的股票而不是將他們的錢轉移到其他無風險的資產中去。

(4) 收益波動性比率（夏普比率）。

前面我們提到用收益率的標準差來衡量資產的風險，但我們必須注意到，應該假定投資者關注的是他們購買投資組合相對於無風險資產獲得的預期超額收益和相應的風險。儘管無風險資產如短期國庫券的收益率不固定，我們仍然知道購買債券並持有到期的收益。其他投資比安全的國庫券收益率更高，也難免帶來更多的風險。投資者為風險資產定價使得其風險溢價能夠彌補預期超額收益帶來的風險。這樣利用溢價的

標準差代替總收益標準差來衡量風險更好。

由此我們引出夏普比率的概念。1990 年度諾貝爾經濟學獎得主威廉·夏普（William Sharpe）以投資學最重要的理論基礎 CAPM——資本資產定價模型為基礎，發展出聞名遐邇的夏普比率，又被稱為夏普指數，用以衡量金融資產的績效表現。

威廉·夏普理論的核心思想是：理性的投資者將選擇並持有有效的投資組合，即那些在給定的風險水平下使期望回報最大化的投資組合，或那些在給定期望回報率的水平上使風險最小化的投資組合。解釋起來非常簡單，他認為投資者在建立有風險的投資組合時，至少應該要求投資回報達到無風險投資的回報，或者更多。

夏普比率計算公式：

$$s = [E(r_p) - r_f]/\sigma_p \tag{4.5}$$

其中 $E(r_p)$ 代表投資組合預期報酬率，r_f 代表無風險利率，σ_p 代表投資組合的標準差（註：由於投資組合的風險溢價等於組合收益率減去常數無風險利率，故投資組合的標準差等於風險溢價的標準差）。

夏普比率的目的是計算投資組合每承受一單位總風險，會產生多少的超額報酬。比率依據資本市場線的觀念而來，是市場上最常見的衡量比率。當投資組合內的資產皆為風險性資產時，適用夏普比率。夏普指數代表投資人每多承擔一分風險，可以拿到幾分報酬，若為正值，代表基金報酬率高過波動風險，若為負值，代表基金操作風險大於報酬率。這樣一來，每個投資組合都可以計算夏普比率，即投資回報與多冒風險的比例，這個比例越高，投資組合越佳。

舉例而言，假如國債的回報是 3%，而投資者的投資組合預期回報是 15%，投資組合的標準偏差是 6%，那麼用 15%－3%，可以得出 12%（代表超出無風險投資的回報），再用 12%÷6%＝2，代表投資者風險每增長 1%，換來的是 2%的多餘收益。

夏普理論告訴我們，投資時也要比較風險，盡可用科學的方法以冒小風險來換大回報。所以說，投資者應該成熟起來，盡量避免一些不值得冒的風險。同時當投資者在投資時如缺乏投資經驗與研究時間，可以讓真正的專業人士來幫助投資者建立起適合自己的、可承受風險最小化的投資組合。這些投資組合可以通過夏普比率來衡量出風險和回報比例。

5　投資組合理論

5.1　單個證券

要討論投資組合的特徵，首先要瞭解單個證券的特徵，主要有：

①期望收益。它是指一個持有一種股票的投資者在下一個時期所能獲得的收益。當然，這僅僅是一種期望，實際收益可能比較高或比較低。因此，單個證券的期望收益可以簡單地以過去一段時間從這一證券所獲得的平均收益來表示。此外，其他計算期望收益的方法還有：可以通過仔細地分析相應上市公司的前景，或採用計算機模擬模型，或根據專門的或內幕的信息確定期望收益。

②方差和標準差。評價證券收益波動的方法有很多，其中最為常用的是方差。方差是一種證券的收益與其平均收益的離差平方的平均數。標準差是方差的平方根。

③協方差和相關係數。各種證券的收益之間相互關聯。協方差是一個度量兩種證券收益之間相互關係的統計指標。此外，這種相互關係也可以用兩種證券收益之間的相關係數來反應。協方差和相關係數是理解 β 係數的基礎。

5.2　投資組合的收益和風險

5.2.1　證券投資組合的內涵

證券投資組合簡稱證券組合，是指投資者所擁有的若干非同質證券的集合。如果組成這一集合的元素是不同類型的股票（或債券），則可進一步稱為「股票組合」（或「債券組合」）。嚴格來說，投資學中的證券組合，是一個有特定含義的概念，它是指在滿足一定假設條件下，通過對作為投資對象的若干非同質證券的選擇，達到在保證預定收益率的前提下將風險最小化或在既定風險的前提下使收益率最大化的投資方法。

毫無疑問，一個理性的投資者追求的目標是使投資收益最大化或使投資風險最小化。在馬克維茨的理論體系中，資產或資產組合的收益和風險通常用期望收益率和收益率的方差（標準差）來衡量。

5.2.2　投資組合的構造

投資者的投資組合是其所投資產的集合。投資資產可以分為股票、債券、不動產、

商品等。投資者在構建投資組合時，需要做出兩類決策：資產配置決策和證券選擇決策。資產配置決策是指投資者對這些資產大類的選擇，證券選擇決策是指在每一資產大類中選擇特定的證券。

資產配置決策包括對安全資產（如銀行存款和貨幣市場證券）和風險資產投資比例的決策。值得注意的是，我們不能將儲蓄錯誤地等同於安全投資。「儲蓄」的意思是你沒有花光你的所有收入，即收入減去消費的部分，因此這部分可以用於增加投資組合。你可以將儲蓄投資於安全資產、風險資產或者是兩者的組合。

「自上而下」的投資組合構建方法是從資本配置開始的。例如，某人目前所有的錢都存放於一個銀行帳戶，那麼他首先要決定整個投資組合中股票、債券等應占的比例。這樣，投資組合的大致特徵就確定了。如何將投資在股票市場和無風險資產之間配置將會對投資組合的收益和風險產生很大的影響。一個自上而下的投資者首先會確定如何在大類資產之間進行配置，然後才會確定在每一類資產中選擇哪些證券。

證券分析包括對可能包含在投資組合中的特定證券進行估價。例如，投資者可能會權衡兩家實力相當的公司，哪家的股價更具有吸引力。債券和股票都需要根據其對投資者的吸引力來進行估價，但是，對股票估價要比對債券估價難得多，因為股票的績效通常對發行公司的狀況更敏感。

與「自上而下」的投資組合管理相對應的是「自下而上」的戰略。使用「自下而上」的方法時，投資組合的構建是通過選擇那些具有價格吸引力的證券而完成的，不需要過多地考慮資產配置。這種方法可能會使投資者無形中把賭注全部投向經濟的某一領域。例如，投資組合最終可能會集中於某一行業或某一地區，或是集中於某種不確定性。但是，「自下而上」的方法確實可以使投資組合集中在那些最具投資吸引力的資產上。

5.2.3 投資組合的期望收益

以兩種證券構成的投資組合為例。假設投資者將自己的資金投資於債券 A 和股票 B，債券 A 和股票 B 的期望收益率分別為 5.5% 和 17.5%。那麼由 A 和 B 構成的資產組合的期望收益率為：$w_a \times 5.5\% + w_b \times 17.5\%$。其中 w_a 代表債券 A 在投資組合中的比例，w_b 代表股票 B 在投資組合中的比例。

由此擴展到一個包含 K 個證券的投資組合的期望收益率：

$$r_p = w_1 \times r_1 + w_2 \times r_2 + \cdots + w_k \times r_k \tag{5.1}$$

其中，$w_1, w_2, \cdots, w_k$ 分別代表證券 1, 2, $\cdots$, k 在資產組合中所占的比例，$r_1, r_2, \cdots, r_k$ 分別代表證券 1, 2, $\cdots$, k 的期望收益率。

5.2.4 投資組合的方差和協方差

仍然以兩種證券為例，由證券 A 和證券 B 構成的投資組合的方差是：

$$Var(p) = w_a^2 \sigma_a^2 + w_b^2 \sigma_b^2 + 2 w_a w_b \sigma_{ab} \tag{5.2}$$

其中，w_a, w_b 分別代表證券 A、B 在資產組合中所占的比重，σ_a 和 σ_b 分別代表證券 A、B 收益率的標準差，σ_{ab} 代表證券 A 和證券 B 的協方差。這個公式表明，投資組

合的方差取決於組合中各種證券的方差和兩種證券之間的協方差。證券的方差度量證券收益的變動程度，協方差度量兩種證券收益之間的相互關係。在證券方差給定的情況下，兩種證券收益呈現正相關或協方差為正，會增加整個組合的方差，換句話說，資產組合中的兩個證券正相關會增加資產組合的風險程度。兩種證券收益呈現負相關或協方差為負，會降低整個組合的方差，也就是降低資產組合的風險程度。這一重要的結果顯然是符合常識的。如果一個投資者所持有的兩種證券中，當一種證券的收益上升時，另一種證券的收益下降，或者反過來一種證券的收益下降，另一種證券的收益上升，則這兩種證券的收益變動就會相互抵消。那麼投資者就實現了理財學中所說的「對沖」，投資者的投資組合的整體風險就低。但是，如果一個投資者所持有的兩種證券的收益同時上升或者同時下降，那麼投資者根本無法實現對沖，因此這個投資組合的整體風險就高。

投資組合的標準差即方差的平方根，根據以上投資組合的方差，我們可以得出投資組合的標準差如下：

$$\sigma_p = SD(p) = \sqrt{Var(p)} \tag{5.3}$$

如前所述，組合的期望收益等於組合中各個證券期望收益的加權平均數，但對於標準差，這一結論不成立。一般認為，組合的標準差小於組合中各個證券標準差的加權平均數，是組合多元化效應的緣故。

若投資組合中的證券之間呈現負相關，則組合多元化所產生的利益較大。若投資組合中的證券之間呈現正相關（非完全正相關），則組合多元化所產生的利益較小。那麼，當兩種證券的正相關係數達到什麼程度時，組合多元化所產生的利益將消失呢？

要回答這一問題，首先將式（5.1）中的協方差改為相關係數的形式。即協方差可以寫為：

$$\sigma_{ab} = \rho_{ab} \times \sigma_a \times \sigma_b \tag{5.4}$$

那麼，式（5.2）變形為：

$$Var(p) = w_a^2 \sigma_a^2 + w_b^2 \sigma_b^2 + 2w_a w_b \rho_{ab} \sigma_a \sigma_b \tag{5.5}$$

上述公式表明：協方差實際上僅僅是兩種證券的相關係數與它們各自的標準差的乘積。換言之，協方差包括兩個部分：兩種證券收益的相關係數；以標準差度量的兩種證券各自收益的變動性。當 $\rho = 1$ 時，投資組合收益的標準差正好等於組合中各個證券的收益的標準差的加權平均數。由式（5.5）可見，當相關係數小於 1 時，組合的方差和標準差都會隨之下降。因此，我們得到的結論是：

只要 $\rho < 1$，兩證券投資組合的標準差就小於這兩種證券各自的標準差的加權平均數。換句話說，只要兩種證券的收益沒有完全正相關，組合多元化的效應就會發生作用。

我們可以把上述結論擴展到包含多個資產的證券組合中，也就是說，只要多種證券組合中兩兩之間的相關係數小於 1，多種證券投資組合的標準差一定小於組合中各種證券的標準差的加權平均數。

5.2.5 證券投資組合管理

5.2.5.1 傳統證券投資組合管理

(1) 程序管理。

傳統證券投資組合管理的投資程序一般為：

①投資政策的制定。

傳統證券投資組合管理一般按投資是收入型、增長型還是混合型對投資決策進行分類，這種分類方法強調投資者在收益獲取形式方面的差異，即其獲取形式是經常收益還是資本利得。

收入型組合將重點放在經常收益的最大化上，不太注重資本利得和增長；增長型組合強調投資的資本增值；混合型組合的目標是在經常收益和資本利得間取得預期的均衡。

②證券投資分析。

證券分析作為傳統證券投資組合管理的第二步，涉及對第一步所確定的各類證券的投資價值進行考察。證券分析的方法很多，傳統證券投資組合管理的證券分析方法主要有兩類：一類是基本分析，一類是技術分析。

③證券投資組合的構建。

這一步是在前兩步的基礎上確定如何有效分配資金，從而使證券投資組合具有理想的風險和收益特徵。在構建投資組合時，投資者應該注意以下問題：一是有效預測單個證券的價格波動，從而精選個股或特定債券等；二是橫向預測各類證券的相對風險與收益狀況，從而選擇購買時機；三是有效貫徹資產多元化的投資理念，以便有效降低證券組合的風險；四是考慮投資的稅收環境等。

④證券投資組合的修正。

這一步旨在制度性地重溫前述三步，並提出建設性的改進措施。即隨著時間的推移，投資者可能部分或全部地改變其投資目標，從而使當期持有的組合不再最優，為此需替換現有組合中的某些證券；另一種可能是由於市場環境、交易成本或投資者預期等的變化，引起對組合中不同證券的不同評價，從而導致對組合中證券的調整行為。

⑤投資組合績效的評估。

評估證券投資組合業績應綜合考慮風險和收益。在同一收益水平上的風險，或者在同一風險水平上的收益，才具有可比性。當然，證券組合風險和收益水平的評定還涉及投資者對風險的態度和對收益的期望水平。

(2) 類別管理。

①收入型證券組合管理。

收入型證券組合的收益幾乎都來自經常性現金流，比如債券的利息收益、優先股的股息收益。收入型證券組合實現的目標是風險盡可能低、收入和價格穩定。適合入選收入型證券組合的證券有高收益的債券、優先股和高分紅、低風險的普通股等。

收入型證券組合目的是使投資者實現經常收益的最大化。從組合中獲得的收入可能代表投資者的部分或全部收入。收入型證券組合的投資者多見於退休人員、中低收

入階層等。

②增長型證券組合管理。

所謂增長，是指收益要遠高於市場平均收益水平，因此對組合管理者的素質要求極高。符合增長型證券組合標準的股票一般具有如下特徵：收入和股息穩步增長、收入增長率非常穩定、低派息、高預期收益等。此外，還需對目標投資企業做深入細緻的分析，如產品供求狀況、競爭環境、經營特徵、公司管理風格與水平等。

③收入與增長混合型證券組合管理。

構建收入與增長混合型證券組合除考慮一般的風險收益均衡外，還應考慮固定收益證券與浮動收益證券的均衡。在組合中，債券、股票各占多大比例還取決於證券市場狀況以及宏觀經濟、政治、文化因素等。

5.2.5.2 現代證券投資組合管理

美國著名經濟學家馬科維茨於 1952 年最早系統地提出了現代組合管理理論，他開創了對投資進行整體管理的先河。他在創立組合理論的同時，也用數量化方法提出了確定最佳投資組合實物基本模型。接下來的幾十年，經濟學家們利用數量化方法不斷豐富和完善組合管理的理論和實際投資管理方法，並使之成為投資學中的主流理論。由於馬科維茨證券組合理論給金融投資和管理思想帶來革新，1990 年他獲得了諾貝爾經濟學獎，並被譽為「現代投資組合理論之父」。該理論的創新主要表現在：首先，提出了與現實更為接近的目標函數，解決了過去金融經濟學以預期收益最大化作為證券組合目標與實際中的分散投資行為相矛盾的問題；其次，證明了目標函數與投資者目標一致，提出了單一證券的風險取決於它與其他證券的相關性的觀點；最後，馬科維茨分別用期望收益率和收益率的方差來度量投資的預期收益水平和風險，建立了均值方差模型進而做出投資決策。在投資者只關心「期望收益率」和「方差」的假設前提下，馬科維茨創造的理論和方法是準確和科學的，但是這種理論和方法在實踐應用過程中最大的不足是計算量太大，尤其是在規模巨大的金融市場，在存在上千種證券的情況和一定時間的要求下，其運算的實現幾乎是不可能的。因而這嚴重地限制了馬科維茨方法的應用空間。

在馬科維茨的均值方差組合理論的基礎上，夏普（1964）、特雷諾（1965）、詹森（1966）對資本市場總體定價行為進行了深入研究並各自獨立地提出了風險資產定價均衡模型，三位學者的研究方法有所不同，但思想和結果是一致的，即著名的資本資產定價模型（CAPM）。CAPM 的創新主要體現在：首先，明確了切點組合結構，提出並證明了分離定理；其次，提出了度量投資風險的新參數；最後，提出了一種簡化形式的計算方法，這一方法是通過建立「單因素模型」實現的，單因素模型又可推廣為多因素模型，多因素模型對現實的近似程度更高。這一簡化形式使得證券組合理論廣泛應用於實際成為可能，尤其是 20 世紀 70 年代以來計算機的發展和普及以及軟件的成套化和市場化，極大地促進了現代證券組合理論在實踐中的應用。

上述三人的 CAPM 模型可被稱為標準 CAPM 模型，標準 CAPM 模型理論是現代資本市場均衡理論的核心基礎，其不足之處在於模型是建立在一系列嚴格的假設基礎之

上，導致其對市場的指導作用受到一定的限制。從20世紀70—80年代，一大批金融經濟學家致力於研究尋找更接近實際的資產定價均衡理論，並推出了一系列衍生的CAPM模型，但是用CAPM的思想無法獲得依賴較少假設的一般性模型。

羅斯等人在1976年開拓了一條全新的研究思路，在「完善市場中不存在套利機會」的假設下提出了資本市場均衡的「套利定價理論」，簡稱APT模型，該理論認為所有資產的收益都可用一組因素的線性組合來表述。APT模型的特點是比較一般化，既不要求很多假設，也沒有明確給出影響資產收益的具體因子。但APT模型的結構清晰性較差，在這方面明顯是不如CAPM模型的。

進入20世紀80年代，關於資產定價理論的研究重點轉向上述理論模型的進一步完善和實證檢驗。20世紀90年代起，現代資產組合理論已經與基礎分析和技術分析並駕齊驅，改進了投資管理技術。目前，世界上大約30%的組合管理者在利用馬科維茨模型、單一指數模型、資本資產定價模型和套利定價模型進行資產的選擇和組合。

現代投資組合理論在近幾十年內得到迅速發展並逐步走向成熟。但由於其嚴格的條件，在現實中缺乏可操作性。行為金融學的興起對現代投資理論提出了挑戰，豐富了現代投資理論的結構框架，為現代投資理論的發展帶來了新的契機。

6 投資組合模型

6.1 馬科維茨的資產組合選擇模型

　　市場上有數量眾多的特性各異的金融資產，投資者必須充分研究市場，不失時機地做出投資決策，期望在既定的約束條件下以最高的效率實現最大的收益；另外，投資是要承擔風險的，如何正確協調收益和風險的矛盾是投資決策的難點所在。馬科維茨為投資者提供瞭解決問題的方法和工具，其樸素而有創意的學術思想為現代的投資組合理論奠定了堅實的基礎。

　　組合構造問題可以歸納為多個風險資產和一個無風險資產的情況。以兩種風險資產和一種無風險資產構成的投資組合為例，構造該資產組合有三步：首先，確認可行集的風險收益權衡；其次，通過計算使資本配置線斜率最大的各資產權重確認最有風險組合；最後，確認無風險資產和風險組合的比例，從而確認最終的最佳投資組合。

　　第一步是決定投資者面臨的風險收益機會，由風險資產的最小方差邊界給出。只要知道證券組合中各個證券的期望收益率、方差（或標準差）及任意兩個證券間的相關係數（或者協方差數值），都可得出所有可能的證券組合的收益與風險特徵。如果將每一種可能實現的證券組合的收益、風險取值的集合描述於我們建立的均值-標準差平面上，就可得到證券組合的可行域。可行域是在給定組合期望收益下方差最小的組合點描成的曲線。給定期望收益、方差和協方差數據，所描成的曲線如圖 6.1 所示。

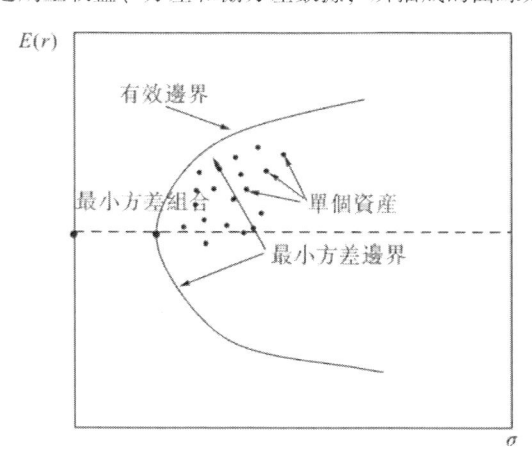

圖 6.1　證券組合的可行域

證券組合的可行域表示了所有可能的證券組合，投資者需要做的是從中選擇自己最滿意的證券組合進行投資。不同的投資者由於對期望收益率和風險的偏好有區別，因而他們所選擇的最佳組合將不同。但投資者的偏好具有某些共性，在這個共性下，某些證券組合將被所有投資者視為差的，因為按照偏好的共性總存在比它更好的證券組合，需要把公認為差的證券組合剔除掉。

大量事實表明，投資者普遍偏好收益而厭惡風險，這種態度反應在證券組合的選擇上可由下述規則來描述：①如果兩種證券具有相同的收益率方差和不同的期望收益率，那麼投資者將選擇期望收益率較高的組合，馬科維茨把它稱為「不滿足假設」；②如果兩種證券具有相同的期望和不同的收益率方差，那麼投資者將選擇方差較小的資產組合，馬科維茨把它稱為「風險厭惡假設」。這種選擇原則，我們稱為投資者的共同偏好規則。

依據這個規則，所有最小方差邊界上最小方差組合上方的點提供最優的風險和收益組合，因此可以作為最優組合，這一部分稱為風險資產有效邊界。對於邊界內部的點，其正上方就存在具有相同標準差但期望收益更高的組合，因此這些點是非有效的。

第二步是包含無風險資產的最優化。資本配置線是連接無風險資產和風險資產組合的一條線，斜率為報酬-波動性（夏普）比率，為：$s = [E(r_p) - r_f]/\sigma_p$。將資本配置線繞無風險資產點旋轉直到與有效邊界相切，便得到最高報酬-波動性比率的資本配置線，切點 P 即為最優風險組合。這一步是完全技術性的工作，需要專業的投資經理去完成。

我們已知資本配置線上的兩個點是投資者資本配置的兩個極端點，即或者將全部投資都投向風險資產，或者將全部投資都投向無風險資產。在這兩點之間的資本配置線上的任意一點反應了投資者的某一種既有風險資產投資，又有無風險資產投資的資產組合，以及這一資產組合的期望收益和標準差的情況。從資本配置線上標準差為0的點開始沿線右移，線上離0點越遠的點代表了一個風險資產在全部資產組合中占比例更大的一種資產組合。因此，從資本配置線上可以直觀地看到，隨著風險資產在全部資產組合中所占比例的不斷增長，全部資產組合的風險（標準差）也越來越大（見圖6.2）。

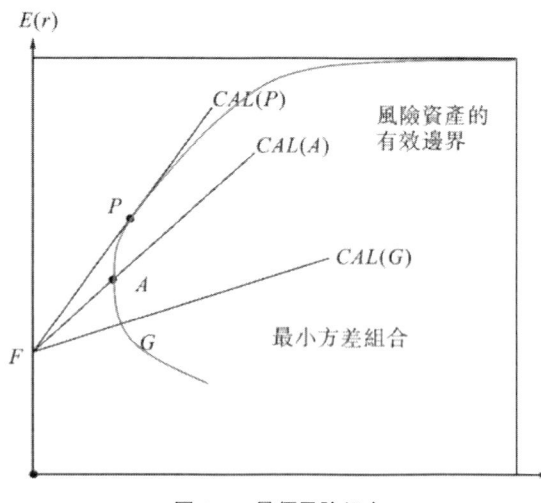

圖 6.2 最優風險組合

最後一步是投資者在最優風險資產 P 和無風險資產之間選擇合適的比例構成最終組合，如圖 6.3 所示。這一步取決於投資者個人的偏好，由投資者的無差異曲線和資本配置線的切點確定無風險資產和風險資產組合的比例。

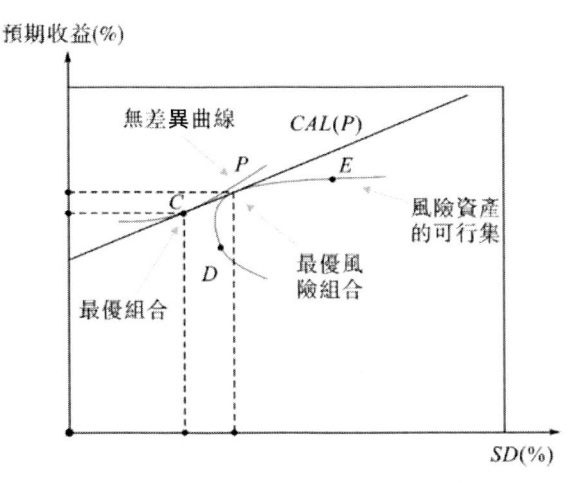

圖 6.3　最優風險資產 P 和無風險資產的比例構成組合

假定所有的投資者都是風險厭惡者，這是共同的偏好規則。但根據投資者的共同偏好規則，有些證券組合之間在客觀上並不能區分好壞，其根源在於投資者個人遵循共同偏好規則之外，還有其特殊的偏好，投資者一般在風險厭惡程度上是有差別的。在那些不能被共同偏好規則區分的組合中，不同的投資者因為風險-收益偏好不同，對於相同的證券組合會有不同的滿意程度。在均值標準差平面上，如果將某一投資者滿意程度相同的組合畫在同一條曲線上，就得到這個投資者的無差異曲線。換句話說，一條給定的無差異曲線上所有投資組合對特定的投資者來說，所能提供的滿意程度相同。按照同一投資者的不同滿意程度分別可以描繪出無數條無差異曲線，它們密布整個平面，稱為該投資者的無差異曲線簇。

無差異曲線具有如下特點：①落在同一條無差異曲線上的不同點，其收益與風險的搭配提供等量的效用水平，對投資者而言具有相同的滿意程度，而落在不同無差異曲線上的點有不同的滿意程度；②無差異曲線距離原點的位置越遠，對同一個投資者而言帶來的滿意程度越高；③無差異曲線兩兩互不相交，是一簇向上傾斜的曲線；④不同投資者因為其風險-收益偏好不同，其無差異曲線的特徵不同。無差異曲線越陡，表明該投資者風險厭惡程度越高，其在選擇投資組合時比較保守。

投資者總是試圖找到能夠滿足其最高效用水平的資產組合，而這又必須是資產市場上可以得到的組合，因此，尋找最佳的投資組合必須通過求解無差異曲線與資本配置線的切點來實現，這個切點 P 就是投資分析和投資決策的最終落腳點。

6.2 資本資產定價模型

6.2.1 資本資產定價模型的假設

資本資產定價模型是基於風險資產期望收益均衡基礎上的預測模型。哈里·馬科維茨於1952年建立了現代投資組合選擇理論。12年後，威廉·夏普、特雷諾、詹森將其發展為資本資產定價模型，即CAPM模型。

下面我們給出基本的資本資產定價模型若干簡單化的假設。這些假設的核心是使每個投資者盡可能同質化，儘管他們的初始財富和風險厭惡程度存在顯著的差異。我們將看到投資者行為的一致性會大大簡化我們的分析。

（1）市場上存在著大量的投資者，每個投資者的財富相對於所有投資者的財富總和而言都是微不足道的。投資者是價格接受者，他們的交易行為對證券價格不產生影響，這與微觀經濟學中對完全市場的假設是一致的。

（2）所有投資者只考慮一個相同的投資持有期。這種行為是短視的，因為它忽略了在持有期結束的時點上發生的任何事情的影響。短視行為通常不是最優行為。

（3）投資者的投資範圍僅限於市場上公開交易的金融資產，比如股票、債券、無風險借入或貸出等。這一假設排除了不可交易資產如教育（人力資本）、私有企業和政府投資的資產等。此外，還假設投資者可以以固定的無風險利率借入或借出任意額度的資金。

（4）不存在證券交易費用及稅賦。當然，在現實生活中，我們都知道投資者處於不同的賦稅級別，這將直接影響到投資者對投資資產的選擇。例如，政府對利息收入、股利收入、資本利得制定了不同級別的稅率。此外，實際交易也是存在交易費用的，交易費用依據交易額度的大小和投資者的信譽度而不同。

（5）所有投資者都是理性的，都追求資產組合的方差最小化。這意味著他們都運用了馬科維茨的資產選擇模型。

（6）所有投資者採用相同的方法進行證券分析並對經濟前景的看法一致，這使所有投資者關於有價證券未來收益率的期望分佈具有一致性估計。依據馬科維茨模型，給定一系列證券的價格和無風險利率，所有投資者的期望收益率和協方差矩陣相同，從而產生了有效邊界和唯一的最優風險資產組合，這一假設也被稱為同質期望或信念。

CAPM模型建立在這些假設條件下，顯然這些假設忽略了現實世界中的諸多複雜現象。然而，利用這些假設我們可以洞察許多有關證券市場均衡的重要特性。

6.2.2 資本資產定價模型概述

（1）根據模型的假設條件，我們可以總結出一個由假設的有價證券和投資者組成普遍存在的均衡關係。

①所有投資者都依據包含所有可交易資產的市場投資組合按比例複製自己的風險資產組合。

什麼是市場投資組合？當我們把單個投資者的資產組合加總起來時，借與貸將會互相抵消，其加總起來的風險資產組合的價值等於整個經濟中的全部財富，這就是市場投資組合，用 M 表示。

②市場投資組合不僅在有效邊界上，而且市場投資組合也是相切於最優資本配置線的資產組合。因此，資本市場線，即從無風險利率出發通過市場投資組合 M 的延伸線，也是可以達到的最優資本配置線。所有投資者都選擇持有市場投資組合作為他們的最優風險資產組合，差別只在於投資者投資於最優風險資產組合與投資於無風險資產的比例有所不同。

③市場投資組合的風險溢價與市場風險和投資者的風險厭惡程度成比例。數學表達式為：

$$E(r_m) - r_f = A\sigma_m^2 \tag{6.1}$$

其中，σ_m^2 代表市場投資組合的方差，A 代表投資者的風險厭惡水平。

④單個資產的風險溢價與市場投資組合 M 的風險溢價成正比，市場投資組合與證券的 β 系數也成比例。β 是用來衡量單個股票收益與市場收益的共同變化程度。β 的表達式定義如下：

$$\beta_i = Cov(r_i, r_m) / \sigma_m^2 \tag{6.2}$$

單個證券的風險溢價為：

$$E(r_i) - r_f = [Cov(r_i, r_m) / \sigma_m^2][E(r_m) - r_f] = \beta_i E(r_m) - r_f \tag{6.3}$$

（2）市場組合的風險溢價。

前面已提出，市場投資組合的均衡風險溢價與投資者群體的平均風險厭惡程度和市場投資組合的風險是成比例的。現在我們來解釋這一結論。

假設每位投資者投資於最優資產組合 M 的資金比例為 y，那麼有：

$$y = [E(r_m) - r_f] / [A\sigma_m^2] \tag{6.4}$$

在简化形式的資本資產定價模型的經濟中，無風險資產包括所有投資者之間的借入和貸出，任何借入頭寸必須同時有債權人的貸出頭寸來平衡。這意味著投資者之間的淨借入和淨貸出的總和為 0，因此，這替代了代表性投資者的風險厭惡系數 $\bar{A}$，對 $\bar{A}$ 而言，風險資產組合的平均比例為 100%。設 $y = 1$，代入式（6.4）整理，我們發現市場投資組合的風險溢價與其方差和平均風險厭惡水平有關。

$$E(r_m) - r_f = \bar{A}\sigma_m^2 \tag{6.5}$$

（3）Beta 系数。

①β 系數的含義。

β 系數也稱為貝塔系數（Beta coefficient）。按照 CAPM 的規定，Beta 系數是用以度量一項資產系統風險的指針，是用來衡量一種證券或一個投資組合相對總體市場的波動性（volatility）的一種風險評估工具。當 $\beta > 0$ 時，證券收益率的變化與市場同向；當 $\beta < 0$ 時，證券收益率的變化與市場反向；當 $\beta > 1$ 時，稱該證券為進取型的，市場收

益率變化一個百分點則該證券很可能有超過1%的變化，β值越大，進取性越強；當$\beta<1$時，稱該證券為保守型的，市場收益率變化一個百分點則該證券很可能有低於1%的變化，β值越小，對市場變化越不敏感，因而越保守。舉例來說，如果一個股票的價格和市場的價格波動性是一致的，那麼這個股票的β值就是1。如果一個股票的β是1.5，就意味著當市場上升10%時，該股票價格則上升15%；而市場下降10%時，股票的價格亦會下降15%。

β係數有以下三方面的含義。第一，β係數反應證券（或證券組合）對市場投資組合方差的貢獻率，並據此獲得期望收益率的獎勵。根據資本資產定價模型，β係數被作為有效證券組合中單個證券或證券組合的風險測定。第二，β係數用來表示單個證券或證券組合的系統風險同正常風險（市場整體風險）的關係。系統風險＝β×市場投資組合風險。第三，β係數作為證券特徵線的斜率，它刻畫了證券實際收益率的變化對市場證券組合的敏感程度。

②β係數的表達式。

求解β的過程如下。單個證券對整個市場投資組合方差的貢獻程度，可以表示為$w_i \times Cov(r_i, r_m)$，其中，w_i代表證券i占整個市場投資組合的比例。同時，單個證券對整個市場投資組合的風險溢價的貢獻為$w_i \times [E(r_i) - r_f]$。

因此，投資證券i的回報-風險比率可以表達為：

$$\frac{證券\ i\ 對風險溢價的貢獻}{證券\ i\ 對方差的貢獻} = \frac{w_i \times [E(r_i) - r_f]}{w_i \times Cov(r_i, r_m)} = \frac{E(r_i) - r_f}{Cov(r_i, r_m)} \tag{6.6}$$

市場投資組合是有效均值-方差上的資產組合。投資於市場投資組合的回報-風險比率為：

$$\frac{市場風險溢價}{市場方差} = [E(r_m) - r_f]/\sigma_m^2 \tag{6.7}$$

式（6.7）中的比率通常也叫作風險的市場價格。因為它測度的是投資者承擔投資風險時所要求的收益。均衡的一個基本原則是所有投資者應該具有相同的回報-風險比率。如果某一投資的回報-風險比率大於其他投資，投資者將會調整他們的資產組合，傾向於賣掉或者選擇不投資於這些股票。這樣的行為會給證券價格帶來壓力，直到這一比率相等。因此，單個證券的回報應該與市場組合的相等，該表達式為：

$$[E(r_i) - r_f]/Cov(r_i, r_m) = [E(r_m) - r_f]/\sigma_m^2 \tag{6.8}$$

將式（6.8）進行適當的變換，便可得到證券i的風險溢價：

$$E(r_i) - r_f = [Cov(r_i, r_m)/\sigma_m^2][E(r_m) - r_f] \tag{6.9}$$

這裡$Cov(r_i, r_m)/\sigma_m^2$這一比率衡量了證券i對市場投資組合方差的貢獻程度，是市場投資組合方差的組成部分。這一比率即為貝塔，用β表示。這樣，式（6.9）可以表示為：

$$E(r_i) = r_f + \beta_i[E(r_m) - r_f] \tag{6.10}$$

這個期望收益-貝塔關係就是資本資產定價模型最為普通的一種表達方式。

③ β 係數的應用。

在發達證券市場，β 係數廣泛應用於證券分析與投資決策，特別是基金管理之中。以下介紹 β 係數應用的主要方面：

第一，測定風險的收益性。

β 係數作為一種風險測定，測定的是能夠帶來收益率補償的那部分風險。如果我們希望通過承擔較大的風險來獲得較高的期望收益率，那麼我們應該選擇 β 係數較高的證券，而不是總風險較高的證券。

第二，作為投資組合選擇的一個重要的輸入參數。

在進行投資組合的選擇時，如果直接用證券間的協方差作為輸入參數，會給計算帶來困難。如代之以 β 係數計算較為簡便，從而 β 係數稱為投資組合決策的重要參數。

第三，反應證券組合的特性。

可以通過 β 係數來反應一個投資組合與市場相比的特性。特別是基金管理公司，可能經營不同風格的基金，有的基金具有高風險特性，有的則具有低風險特性，這是通過 β 係數來衡量的。在選擇基金的時候，投資者應注意基金的 β 係數，選擇那些適合自己的風險偏好、經營業績優良的基金，而不能盲目選擇那些收益率較高的基金。而基金管理公司會監視自己經營的投資組合的 β 係數的變化，及時調整投資組合。

第四，根據對市場走勢的預測選擇不同 β 係數的證券可獲得額外收益率。

由於 β 係數反應了證券對市場變化的敏感性，當預測到一個大牛市即將到來時，應該選擇那些高 β 係數的證券，它將成倍地放大市場收益率，帶來高額的收益；相反，在一個熊市到來之際，應該選擇那些低 β 係數的證券，在投資組合中應盡可能加進一些負 β 係數的證券，調整投資結構以抵禦市場風險。為避免非系統性風險，可以在相應的市場走勢下選擇相同 β 水平的證券進行投資組合。

（4）證券市場線。

我們可以把期望收益-貝塔關係視為收益-風險等式，證券的貝塔值之所以是測度證券風險的適當指標，是因為貝塔與證券對最優風險組合風險的貢獻度成正比。

風險厭惡型投資者通過方差來衡量最優風險資產組合的風險。我們認為，單項資產的期望收益或風險溢價取決於其對資產組合風險的貢獻程度。股票的貝塔值測度的是它對市場組合方差的貢獻程度。因此我們預期，對於任何資產和資產組合而言，所要求的風險溢價是關於貝塔值的函數。資本資產定價模型論證了這一直覺，並進一步表明證券的風險溢價與貝塔值和市場投資組合的風險溢價成正比，即證券的風險溢價等於 $\beta[E(r_m) - r_f]$。

期望收益-貝塔關係就是證券市場線。因為市場的貝塔值為 1，其斜率就是市場投資組合的風險溢價，橫軸為 β 值，縱軸為期望收益，當橫軸的 $\beta = 1$ 時，這一點就是市場投資組合的期望收益率，如圖 6.4 所示。

投資管理

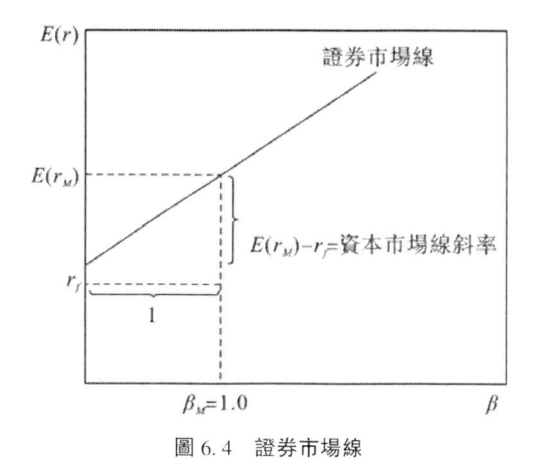

圖 6.4　證券市場線

現在，我們將證券市場線與之前提過的資本市場線進行比較。資本市場線描繪了有效資產組合的風險溢價（有效資產組合是指由風險資產和無風險資產構成的資產組合）是資產組合的標準差函數。標準差可以用來衡量有效分散化的資產組合即投資者總的資產組合的風險。相比較而言，證券市場線刻畫的是單個風險資產的風險溢價，它是該資產風險的一個函數。單項資產作為高度分散化資產組合中的一部分，其風險測度並不是資產的標準差或方差，而是該資產對資產組合方差的貢獻程度，我們用貝塔值來測度這一貢獻程度。證券市場線對有效資產組合和單項資產均適用。

證券市場線為評估投資業績提供了一個基準。給定一項投資的以 β 值來測度的風險，證券市場線就能得出投資者為了補償風險所要求的期望收益和貨幣的時間價值。

根據前面所給出的假定，在均衡市場中所有證券組合都必須在證券市場線上。值得注意的是，不同的證券組合可能有相同的 β 係數，從而處於證券市場線上的同一點。資本市場線則不同，只有有效證券組合的期望收益率與標準差存在線性關係，其他證券組合不滿足這種關係。資本市場線上的任何證券組合與市場投資組合存在一個確定的線性關係，即有效證券組合與市場投資組合是完全正線性相關的。由於證券市場線是期望收益–貝塔關係的幾何表述，所以「公平定價」資產一定在資本市場線上，也就是說，它們的期望收益與其風險是相匹配的。

當證券組合與市場投資組合的相關係數為 1 時，證券市場線和資本市場線是完全一樣的。

6.3　單因素模型

6.3.1　單因素模型的一般形式

單因素模型認為證券的收益率受到某一因素的影響，這一因素可能是國內生產總值增長率或某一個行業的增長率。一般來講，可用下列表達式表達單因素模型：

$$r_i = a_i + b_i F + \varepsilon_i \tag{6.11}$$

其中，F 表示因素值，b_i 表示證券 i 對這一因素的靈敏度。如果因素值為 0，那麼這種證券的收益率等於 $a_i + \varepsilon_i$，因素值每變動一個單位，收益率 r_i 便增加或減少 b_i 單位。ε_i 是隨機誤差項，它是一個期望值為 0 和標準差等於 $\sigma_{\varepsilon i}$ 的隨機變量。根據單因素模型，證券 i 的預期收益率可以寫成：

$$r_i = a_i + b_i F \tag{6.12}$$

其中，a_i 表示因素預期值為 0 時證券 i 的預期收益率。根據單因素模型，可知證券 i 的方差和協方差分別為：

$$\sigma_i^2 = b_i^2 \sigma_F^2 + \sigma_{\varepsilon i}^2 \tag{6.13}$$

$$\sigma_{ij} = b_i b_j \sigma_F^2 \tag{6.14}$$

式（6.13）和式（6.14）是否成立基於兩個關鍵假定：第一個假定是隨機誤差項與因素不相關，意思是這個因素的結果與隨機誤差項的結果無關；第二個假定是任意兩種證券的隨機誤差項不相關，意思是一種證券的最忌誤差項的結果與另一種證券的隨機誤差項的結果之間無關。換句話講，僅僅通過兩種證券對這一因素作用的共同反應，兩種證券才會相關。如果這兩個假定中有一個假定不成立，這個模型就只是一個近似模型。從理論上來講，可以找到另一個因素模型，它將成為更為精確的收益率決定模型。

6.3.2 單因素模型的兩個特徵

單因素模型有兩個特徵，馬科維茨的證券組合理論為了決定切點處證券組合的構成，需要估計所有證券的預期收益率、方差和協方差。而單因素模型首先要估計 N 種風險證券中每一證券的 a_i、b_i 和 $\sigma_{\varepsilon i}$，然後決定 F 的預期值和它的標準差。基於這些估計值，運用式（6.12）、式（6.13）、式（6.14）計算證券的預期收益率、方差和協方差。根據這些數值，可以推導出馬科維茨的曲線型有效組合。

單因素模型的第二個特徵是投資分散化導致非系統風險降低。在式（6.13）中，等式右邊的第一項稱為這種證券的因素風險，第二項稱為這種證券的非因素風險。我們知道，投資分散化導致系統風險平均化和減小非系統風險。對於單因素模型而言，分散化導致因素風險平均化和減小非因素風險。

隨著投資的分散化，證券組合中包含有更多種類的證券，對於每一種證券的投資比例變得越來越小。然而，這種情況並不會引起 b_i 顯著地增大或減小，除非有意識地加入具有非常高或非常低 b_i 值的證券。這是因為證券組合的 b_p 是單一證券靈敏度 b_i 的簡單加權平均數，其權數是所投資證券的比例。因此，投資分散化導致因素風險平均化。然而，投資越分散化，資產組合的非因素風險將會減小。

6.3.3 因素模型和均衡

值得注意的是，因素模型不是一種資產定價的均衡模型。如果均衡存在，因素模型中的參數和均衡資產定價模型中的參數之間就有一定的聯繫。

根據式（6.12），如果實際收益率是由包含因素 r_M 的單因素模型決定，那麼，由於 $\bar{F}=r_M$，則預期收益率 $=a_i+b_i r_M$。如果均衡存在，根據資本資產定價模型，那麼：

$$\begin{aligned}\bar{r}_i &= r_F+(\bar{r}_M-r_F)\beta_i \\ &= r_F-r_F\beta_i+\bar{r}_M\beta_i \\ &= (1-\beta_i)r_F+\bar{r}_M\beta_i\end{aligned} \quad (6.15)$$

這表明單因素模型與CAPM參數之間必定有如下關係：

$$a_i=(1-\beta_i)r_F \qquad b_i=\beta_i \quad (6.16)$$

如果預期收益率由CAPM參數決定，而實際收益率由單因素模型決定，那麼上面兩個式子必然成立。

6.4 多因素模型

經濟社會狀況的好壞影響著大多數公司，對未來預期的改變將會對大多數證券的收益率產生影響。有一些影響證券收益率的因素已經成為投資者的共識。例如：①對實際國民生產總值增長率的預期；②對實際利率的預期；③對通貨膨脹率的預期；④對每股收益的預期；⑤流通股的規模大小。用多因素模型取代單因素模型分析證券的收益率，將會更加切合實際。作為多因素模型的一個特例，我們先分析有兩個因素的模型，即假定收益率決定模型含有兩種因素。

6.4.1 兩因素模型

兩因素模型表達如下：

$$r_i=a_i+b_{i1}F_1+b_{i2}F_2+\varepsilon_i \quad (6.17)$$

其中，F_1 和 F_2 分別代表影響證券收益率的兩個因素，b_{i1} 和 b_{i2} 代表證券 i 對這兩個因素的靈敏度，ε_i 為隨機誤差項，a_i 是當兩個因素值為0時證券 i 的預期收益率。在兩因素模型裡，需要對每一種證券估計四個參數，它們是 a_i、b_{i1}、b_{i2} 和隨機誤差項的標準差 σ_{ε_i}。對於每一個因素而言，需要估計兩個參數。這些參數是每一個因素的預期值和每一個因素的標準差。根據這些參數估計值，通過下列公式可得到任意一種證券 i 的預期收益率：

$$\bar{r}_i=a_i+b_{i1}\bar{F}_1+b_{i2}\bar{F}_2 \quad (6.18)$$

如果因素之間不存在相關關係，對於任意一種證券，它的方差是：

$$\sigma_i^2=b_{i1}^2\sigma_{F1}^2+b_{i2}^2\sigma_{F2}^2+\sigma_{\varepsilon i}^2 \quad (6.19)$$

任意兩種證券 i 和 j 的協方差是：

$$\sigma_{ij}=b_{i1}b_{j1}\sigma_{F1}^2+b_{i2}b_{j2}\sigma_{F2}^2 \quad (6.20)$$

如果因素之間存在相關關係，需要運用更複雜的方程來估計方差和協方差。與單因素模型類似，一旦運用上述方程估計出每一種證券的預期收益率、協方差和方差，投資者就能夠推導出馬科維茨曲線型有效組合，然後給定無風險收益率，就能確定切

點處的證券組合，投資者可根據他的無差異曲線決定最優證券組合。

前面討論單因素模型所得到的結論和投資分散化的影響，對多因素模型同樣適用。特別值得注意的是，一個處於良好投資分散化狀態下的證券組合，非因素風險將非常微小。如同單因素模型，在多因素模型中證券組合對一種特定因素的靈敏度是組合中各證券靈敏度的加權平均數，其權數等於每一種證券的投資比例。證券組合的收益率是它所包含的證券收益率的加權平均數：

$$r_p = \sum_{i=1}^{N} x_i r_i \qquad (6.21)$$

用式（6.17）右邊項取代上式右邊項中的 r_i，得到：

$$\begin{aligned} r_p &= \sum_{i=1}^{N} x_i (a_i + b_{i1} F_1 + b_{i2} F_2 + \varepsilon_i) \\ &= a_p + b_{p1} F_1 + b_{p2} F_2 + \varepsilon_p \end{aligned} \qquad (6.22)$$

其中，$a_p = \sum_{i=1}^{N} x_i a_i \quad b_{p1} = \sum_{i=1}^{N} x_i b_{i1} \quad b_{p2} = \sum_{i=1}^{N} x_i b_{i2} \quad \varepsilon_p = \sum_{i=1}^{N} x_i \varepsilon_i$

尤其值得注意的是證券組合的靈敏度 b_{p1} 和 b_{p2} 是它所包含證券的靈敏度 b_{i1} 和 b_{i1} 的加權平均數。

6.4.2 多因素模型的一般形式

多因素模型的一般形式如下：

$$r_i = a_i + b_{i1} F_1 + b_{i2} F_2 + \cdots + b_{ij} F_j + \varepsilon_j \qquad (6.23)$$

其中，j 表示因素個數。

$$r_p = \sum_{i=1}^{N} x_i r_i \qquad (6.24)$$

在國外發達證券市場上，很多投資公司把單因素模型運用到證券組合管理中。然而，多因素模型的應用日益增加。這些模型既或多或少包含影響到所有證券收益率的共同因素，例如國民生產總值增長率，也有僅影響一組特定證券收益率的部門因素。投資分析的主要任務就是確定一個適當的因素模型，即要決定有多少影響因素和這些因素是什麼。多種可供選擇的因素模型的存在，給投資者提供了很大的選擇範圍。一旦投資者做出自己的選擇，他就會把目標集中在估計合適的參數上，從而計算出預期收益率、方差和協方差，然後，根據這些計算結果，導出馬科維茨有效組合。

6.5 套利定價模型

史蒂芬·羅斯在1976年提出套利定價理論（Arbitrage Pricing Theory，簡稱APT）。和CAPM一樣，套利定價理論也是一個均衡資產定價模型。與CAPM不同的是，APT假定收益率由一個因素模型所決定；而且，APT並不需要像CAPM那樣做出一系列極其嚴格的假設，即APT並不依據預期收益率和標準差來尋找證券組合。羅斯的套利定

價理論基於三個基本假設：①因素模型能描述證券收益；②市場上有足夠多的證券來分散風險；③完善的證券市場不允許任何套利機會存在。

6.5.1 因素證券組合

套利定價理論假定收益率由因素模型決定，但是並沒有指出由多少因素，這些因素是什麼。為了簡化和便於說明，假定有 F_1 和 F_2 兩個因素，根據式（6.11），這些因素導致收益率產生。同時假定有非常多的證券，這些證券對這兩種因素有不同的靈敏度。

在套利定價模型中，首先要構造純因素證券組合。給定具有不同特點的足夠多的證券，有可能構造一個對一種因素有單位靈敏度（即靈敏度等於1），對其他因素靈敏度為0和不存在非因素風險的證券組合。而且應該持有盡可能多的證券，使得具有正的非因素收益率的證券數量大體等於具有負的非因素收益率的證券數量。

要構造純因素為1的證券組合，即以下等式成立：

$$b_{A1}x_A + b_{B1}x_B + b_{C1}x_C = b_{p1} = 1 \qquad (6.25)$$

$$b_{A2}x_A + b_{B2}x_B + b_{C2}x_C = b_{p2} = 0 \qquad (6.26)$$

如果存在按以上證券組合進行投資的可能性，當組合中包含的證券數量足夠多時，將可能構造一個具有非常小的非因素風險（即 $\varepsilon_p = 0$）的證券組合。因此，靠選擇恰當的證券投資比例，投資者能創造一個對因素1的靈敏度為1的證券組合：

$$r_{p1} = a_{p1} + F_1 \qquad (6.27)$$

由於 $b_{p1} = 1$，$b_{p2} = 0$，$\varepsilon_{p1} = 0$ 這是一個純因素1的證券組合，它的收益率與第一種因素呈一一對應關係。

同樣也可以構造一個純因素2的證券組合，使證券組合 P_2 僅對因素2有靈敏度：

$$r_{p2} = a_{p2} + F_2 \qquad (6.28)$$

在一個證券種類非常多的市場中，從理論上講，可以構造一個某一因素對證券組合收益率具有單位影響的證券組合。這種證券組合僅對一種因素有單位靈敏度，對其他因素靈敏度為0並且具有非常小的非因素風險。在實際中，這個條件不可能完全滿足，意味著僅能構造不太純粹因素的證券組合。雖然套利定價理論假定可以構造純因素證券組合，但並沒有考慮這一假定的合理性。但是，相對於假設的合理性而言，APT預測的精確性更為重要。

對於純因素1的證券組合，它的預期收益率依賴於相關因素的預期值。一個簡便的方法就是把預期收益率分解成兩個部分：①無風險利率；②其餘部分。常常用希臘字母 λ 表示並被看成是每單位因素靈敏度的預期收益率升水。因而，純因素1的證券組合的預期收益率是：

$$r_{p1} = r_F + \lambda_1 \qquad (6.29)$$

類似地，純因素2的證券組合的預期收益率是：

$$r_{p2} = r_F + \lambda_2 \qquad (6.30)$$

用多種不同證券構成純因素1的證券組合的可能性是存在的，然而每一種組合都具有相同的預期收益率嗎？從理論上講，回答是肯定的。雖然純因素證券組合在構成

上不是唯一的，但它們的收益率是唯一的。

設想有兩個純因素 1 的證券組合，它們有不同的收益率，這僅僅是因為有不同的 a 值（式中的 a_{pi}）。現在，考慮出售具有較低預期收益率的證券組合，以及購買具有較高預期收益率的那一個證券組合。在這種情況下，因素 1 無論發生什麼情況，投資者都將獲得非正常收益。顯而易見，這種情況不可能長期存在。為什麼呢？這是因為在均衡條件下，兩種相同資產（在這裡，兩者都是純因素 1 證券組合）的定價必定提供同樣的預期收益率。這是因為投資者將購買具有較高收益率的證券組合，同時出售具有較低收益率的證券組合，這樣將引起前者價格上升，預期收益率下降，同時也將引起後者價格下降，預期收益率上升，直到兩種證券組合具有相同的預期收益率。由於這種價格運動的結果，開始投資者會獲得非正常收益，不久以後，這種獲利機會會消失。套利行為將保證所有純因素 1 的證券組合具有同樣的預期收益率 $r_F+\lambda_1$。

上述套利行為可以歸納為，投資者通過選擇適當的投資比例使得：

$$b_{11} x_1 + b_{21} x_2 + \cdots + b_{N1} x_N = \sum_{i=1}^{N} b_{i1} x_i = 0 \qquad (6.31)$$

這意味著不承擔因素風險。

$$x_1 + x_2 + \cdots + x_N = \sum_{i=1}^{N} x_i = 0 \qquad (6.32)$$

這意味著通過數量相同、方向相反的操作而不需要額外的資金。

$$E(r_1) x_1 + E(r_2) x_2 + \cdots + E(r_N) x_N = \sum_{i=1}^{N} E(r_i) x_i > 0 \qquad (6.33)$$

這意味著獲得正的期望收益率。

當所有投資者通過這種套利獲得正的期望收益率時，具有相同因素風險的證券組合必定提供相同的收益率。無風險利率的存在是套利定價理論的一個自然組成部分。當選擇具有投資分散化特點的多種證券時，可以構成這樣一種證券組合，這種證券組合對每一種因素的靈敏度為零，而且只有微不足道的非因素風險。它的預期收益率實際上是無風險收益率，可作為測定其他預期收益率的基礎。

6.5.2 套利定價理論與資本資產定價模型

1976 年，美國學者斯蒂芬·羅斯在《經濟理論雜誌》上發表了經典論文「資本資產定價的套利理論」，提出了一種新的資產定價模型，此即套利定價理論（APT 理論）。套利定價理論用套利概念定義均衡，不需要市場組合的存在性，而且所需的假設比資本資產定價模型（CAPM 模型）更少、更合理。

與資本資產定價模型一樣，套利定價理論假設：

①投資者有相同的投資理念；
②投資者是迴避風險的，並且要效用最大化；
③市場是完全的。

與資本資產定價模型不同的是，套利定價理論沒有以下假設：

①單一投資期；

②不存在稅收；

③投資者能以無風險利率自由借貸；

④投資者以收益率的均值和方差為基礎選擇投資組合。

同時，套利定價理論與資本資產定價模型具有很多相同的作用。它提供了一種可用於資本預算、證券估值以及投資業績評價的收益率基準線。此外，套利定價理論強調了不可分散風險需要風險溢價來補償，而可分散風險不需要這一重要區別。

套利定價理論是一個非常吸引人的模型。它依賴於「資本市場中的理性均衡會排除套利機會」的假設。即便是很少的投資者注意到市場的不平衡，違背套利定價理論關係將會產生巨大的壓力使之恢復平衡。進一步說，套利定價理論利用一個由許多證券構成的充分分散的投資組合來得出期望收益-貝塔關係。

與之相比，資本資產定價模型建立在假設存在一個內生的不可觀測的「市場」投資組合上。資本資產定價模型依賴均方差的有效性，也就是說，如果有證券違背了期望收益-貝塔關係，那麼許多投資者（除相關的小部分）將調整自己的投資組合，使他們共同對價格造成壓力，迫使這種關係再次滿足。

儘管存在著明顯的優勢，與資本資產定價模型相比，套利定價理論並沒有完全占據優勢。資本資產定價模型對所有證券的期望收益-貝塔關係做出了明確清晰的闡述，而套利定價理論表示只對除一小部分之外的所有證券適用。由於它著眼於無套利條件，不需要市場或指數模型的進一步假定，因此套利定價理論不能排除特殊的單個資產違背期望收益-貝塔關係。對於這些，我們需要資本資產定價模型的假設以及它的佔有性觀點。

除此以外，兩者也有很多共同點。①二者都假定了資本市場上不存在交易成本或交易稅，或者都認為如果存在交易成本、交易稅，則其對所有的投資者而言都是相同的。②二者都將存在的風險劃分為系統性風險和非系統性風險，也就是市場風險和公司自身的風險。而且兩種模型都認為通過投資的多元化組合，通過投資者的合理優化投資結構，能夠大部分甚至完全消除公司自身存在的風險。因此，在計算投資組合的預期回報時，兩種模型的數學表達式都認為資本市場不會由於投資者承擔了這部分風險而給予他們補償，因而不列入計算式中。③資本資產定價理論可以看作是套利定價理論在更嚴格假設條件下的特例。

CAPM 和 APT 的提出對全世界的金融理論研究和實踐均產生了巨大的影響，其主要表現有：

①大多數機構投資者都按照預期收益率-β 系數的關係（或者單位風險報酬）來評價其投資業績；

②大多數國家的監管當局在確定被監管對象的資本成本時，都把預期收益率-β 系數的關係連同對市場指數收益率的預測作為一個重要因素；

③法院在衡量未來收入損失的賠償金額時也經常使用預期收益率-β 系數的關係來確定貼現率；

④很多企業在進行資本預算決策時也使用預期收益率-β 系數的關係來確定最低要求收益率。由此可以知道，將兩者結合起來能比單純的 APT 做出更精確的預測，又能

比 CAPM 做出更廣泛的分析，從而為投資決策提出更充分的指導。

　　總之，兩者都是金融學中重要的理論和模型。套利定價理論導出了與資本資產定價模型相似的一種市場關係。套利定價理論以收益率形成過程的多因子模型為基礎，認為證券收益率與一組因子線性相關，這組因子代表證券收益率的一些基本因素。事實上，當收益率通過單一因子（市場組合）形成時，將會發現套利定價理論形成了一種與資本資產定價模型相同的關係。因此，套利定價理論可以被認為是一種廣義的資本資產定價模型，為投資者提供了一種替代性的方法，來理解市場中的風險與收益率間的均衡關係。套利定價理論與現代資產組合理論、資本資產定價模型、期權定價模型等一起構成了現代金融學的理論基礎。

7 證券投資的基本分析

基本分析又稱基本面分析,是指證券投資分析人員根據經濟學、金融學、財務管理學及投資學的基本原理,對決定證券投資價值及價格的基本要素如宏觀經濟指標、經濟政策走勢、行業發展狀況、產品市場狀況、公司銷售和財務狀況,評估證券的投資價值,判斷證券的合理價位,從而提出相應的投資建議的一種分析方法。

基本分析的理論基礎建立在一個前提條件之下,即市場是弱式有效的,通過公布的財務報表等基本信息預測收益流量將有助於分析證券價格走勢,而任何金融資產的「真實」(或「內在」)價值等於這項資產所有者的所有預期收益流量的現值。

基本面的分析要從經濟環境、行業環境和政府政策三個方面進行。

7.1 經濟環境與證券投資

7.1.1 國際經濟環境與證券投資

自 1978 年改革開放以來,中國經濟已越來越深入地融入世界經濟一體化的潮流中。2001 年中國加入 WTO 之後,經濟逐步全面開放,國際化的進程越來越快,世界經濟的每一個變化都將對中國經濟產生影響。雖然中國資本市場在 WTO 框架下具有限度的逐步開放,但其國際化的趨勢是可以預期的。資本市場作為整體經濟中的一部分,不可能不受到中國經濟日益開放的影響,事實上,投資者已經越來越感受到來自國際經濟因素對股票市場的影響。

國際貿易關係的變動主要影響到產品市場和原材料供應依靠國外的公司,國際貿易發展也可能為原來以國內市場為主的公司帶來國際合作的機會,拓展這類公司發展的市場空間。在分析國際貿易對證券價值的影響時,應重點關注這四個方面。一是世界經濟形勢,主要是美國、德國、日本、英國、法國、義大利、加拿大這七國的經濟形勢,特別是作為世界經濟火車頭的美國的經濟。這七個國家的 GDP 占全球的一半以上,一旦七國經濟不景氣,對世界經濟的影響巨大,作為全球大家庭的一員,中國的經濟很難幸免。二是主要貿易夥伴的經濟形勢。中國的主要貿易夥伴是美國、日本、歐共體和東南亞各國,其經濟形勢的好壞會直接影響中國的出口需求。三是與主要貿易國的貿易關係,如貿易保護、貿易壁壘、貿易摩擦、反傾銷起訴等。四是公司主要出口國的相關變化。中國經濟的出口依賴程度較低,出口需求對總需求的影響總的來說不大。但隨著經濟開放程度的提高,可以預見,國內經濟將更多依賴出口需求。

中國的資本市場還沒有對外開放，人民幣在資本項目下不能自由兌換，從理論上講，國際金融市場的動向對中國股票市場影響不大。但投資者不能忽視以下四個方面：一是國際金融市場出現大的震盪，會波及 H 股、B 股和 N 股，而 H 股、B 股和 N 股的價格變動又會影響 A 股，但小幅波動對中國股票市場影響不大；二是世界各國股票市場會對一些因素如石油價格、戰爭、全球性的行業興衰做出共同反應，而國外市場的反應往往更為敏捷和準確，國外市場的價格變動具有預示和借鑑作用；三是國外股票市場的一些投資理念、操作技巧會影響投資者，特別是機構投資者；四是國際股票市場的劇烈變動對投資者的信心有影響。

另外，由於美國經濟對世界經濟具有舉足輕重的影響，因此，美聯儲的貨幣政策和本幣對美元的匯率是投資者應該關心的事情。美聯儲的貨幣政策會影響美國經濟的走向進而影響世界經濟的走向、紐約股票市場的漲跌、美元對其他貨幣的匯率、其他國家的貨幣政策，而這些都是影響股票價格的因素。

由於中國實行的是有管理的浮動匯率制，人民幣在資本項目下不能自由兌換，人民幣對美元的匯率的變動從理論上講對中國股票市場影響不大。但人民幣匯率的變動會導致以非正規形式進入股票市場資金的流動；開放型國家股票市場的劇烈波動往往以匯率的劇烈波動為先導，匯率波動會給投資者以劇烈的預期；匯率的變動會引致 B 股的波動，進而影響 A 股。這幾個方面是投資者進行分析時應該考慮的。

7.1.2 國內經濟環境

在衡量一國經濟運行的狀態時，我們經常使用國內生產總值（GDP）、就業、通貨膨脹率和國際收支平衡等經濟指標，這些實際上就是宏觀經濟政策的目標。

（1）國內生產總值（GDP）。

GDP 是一國在一定時期內生產的最終產品的貨幣總價值。由於存在通貨膨脹，物價總水平不斷上升，因而用「貨幣」這個變動的尺度來衡量國內生產總值，其存在的缺陷是顯然的，必須加以修正。經濟學上用價格指數來調整名義 GDP 的值，得到實際 GDP，從而剔除了通貨膨脹因素的影響。

（2）就業率。

高就業率或低失業率是宏觀經濟追求的另一個重要目標。當失業率很高時，資源被浪費，人們收入減少，有效需求不足。失業率上升與下降是以 GDP 相對於潛在 GDP 的變動為背景的。

（3）通貨膨脹。

通貨膨脹是指用某種價格指數衡量的一般價格水平的上漲。通貨膨脹對社會經濟會產生兩個方面的影響：①收入和財富的再分配；②不同商品相對價格的變動。

（4）對外經濟政策。

一切開放的經濟都需要進口和出口物品與勞務。對外經濟的政策目標是以穩定的外匯匯率和進出口大致平衡為標誌的對外經濟關係。

7.2 證券投資的行業分析

對證券投資分析而言，行業因素是介於宏觀和微觀之間重要的經濟因素。行業的發展狀況對於該行業的上市公司影響非常巨大。從某種意義上來說，投資於某上市公司，實際上就是以某行業為投資對象。行業是一個企業群體，這個企業群體的成員由於其產品（包括有形與無形）在很大程度上可相互替代而處於一種彼此緊密聯繫的狀態，並且由於產品可替代性的差異而與其他企業群體相區別。

在國民經濟中，一些行業的增長率與國內生產總值的增長率保持同步，另一些行業的增長率高於國內生產總值的增長率，而有一些行業的增長率則低於國內生產總值的增長率。鑒於這一現象，如果選擇某企業進行投資，那麼研究其所屬的行業是必要的，也就是說要研究行業的性質，尤其是增長趨勢。當然，這並不是說行業的增長率一定要比國內生產總值增長率高才能進行投資。但是瞭解行業的增長情況，對正確做出投資策略是有幫助的。

7.2.1 行業的市場類型和股票投資

行業的市場類型隨該行業中企業的數量、產品的性質、價格的制定和其他一些因素的變化而變化。由於市場類型的不同，行業可分為四種：完全競爭、不完全競爭或壟斷競爭、寡頭壟斷、完全壟斷。

完全競爭是指許多企業生產同質產品的市場類型。完全競爭是一個限定條件很嚴格的市場類型，其根本特點在於所有的企業都無法控製市場的價格和使產品差異化。在現實經濟中，完全競爭的市場類型很少見，初級產品的市場近似於完全競爭。

壟斷競爭是指許多生產者生產同種但不同質產品的市場類型。在國民經濟各行業中，製成品的市場一般屬於這種類型。

寡頭壟斷是指相對少量的生產者在某種產品的生產中占據很大市場份額的情形。在這個市場上，通常存在著一個起領導作用的企業，其他企業會隨該企業定價與經營方式的變化而相應地進行某些調整。資本密集型、技術密集型產品，如鋼鐵、汽車、彩電、冰箱、空調等，以及少數儲量集中的礦產品如石油等的市場多屬這種類型。因為生產這些產品所必需的巨額投資、複雜的技術或產品儲量的分佈限制了新企業對這個市場的進入。

完全壟斷是指獨家企業生產某種特質產品的情形。完全壟斷市場類型的特點是：①由於市場被獨家企業所控製，產品又沒有或缺少合適的替代品，因此，壟斷者能夠根據市場的供需情況制定理想的價格和產量，在高價少銷和低價多銷之間進行選擇，以獲取最大的利潤；②壟斷者在制定產品的價格與生產數量方面的自由性是有限度的，它要受到反壟斷法和政府管制的約束。

7.2.2 行業的週期性與股票投資

行業變動時，往往呈現出明顯的、可測的增長或衰退。這些變動與國民經濟總體的週期變動是有關係的，但關係密切程度不一樣。據此，可以將行業分為以下三類：增長型行業、週期性行業和防守型行業。

增長型行業的運動形態與經濟活動總水平的週期及其振幅關係不大。這些行業收入增加的速率相對於經濟週期的變動來說，並未出現同步變化，因為它們主要依靠技術的進步、新產品的推出以及更優質的服務，從而使其呈現出高增長形態。在近幾年，計算機軟件、通信、電子元件和生物工程等產業表現出了這種形態。投資者對高增長的行業十分感興趣，主要是因為這些行業的高速成長給投資者帶來了股票價值的成倍增長。

週期性行業的運動狀態與經濟週期直接相關。當經濟處於上升時期，這些行業會緊隨其擴張；當經濟衰退時，這些產業也相應跌落。產生這種現象的原因是，當經濟衰退時，對這些產業相關產品的購買被延遲到經濟改善之後。

防守型行業的產品需求相對穩定，行業運動形態並不受經濟週期衰退的影響。典型的是食品業，因為無論經濟處於哪個階段，人總是要吃飯的。公用事業也可以認為是防守型的行業。

7.2.3 行業的生命週期與股票投資

進一步地，在行業內部還可以進行下一步劃分。通常，每個行業都會經歷一個由成長到衰退的發展演變過程，這個過程便稱為行業的生命週期。一般地，行業的生命週期可以分為四個階段：幼稚期、成長期、成熟期和衰退期。

（1）幼稚期。

這一時期的產品設計尚未成熟，行業利潤率較低，市場增長率較高，需求增長較快，技術變動較大，行業中的用戶主要致力於開闢新用戶、占領市場，但此時技術上有很大的不確定性，在產品、市場、服務等策略上有很大的餘地，對行業特點、行業競爭狀況、用戶特點等方面的信息掌握不多，企業進入壁壘較低。

這個時期的特點是：企業規模可能很小，關於該行業的企業如何發展有不同看法，產品類型、特點、性能和目標市場不斷發展變化；市場中充滿各種新發明的產品或服務，管理層採取戰略支持產品上市；產品設計尚未成熟，行業產品的開發相對緩慢，利潤率較低，市場增長率較高。

另外，在幼稚期，企業還可能因為財務困難而引發破產的風險。因此，這類企業更適合投機者而不是投資者。在幼稚期後期，隨著產品生產技術的提高、生產成本的降低和市場需求的擴大，新產業便逐步由高風險、低收益的幼稚期轉向高風險、高收益的成長期。

（2）成長期。

這一時期的市場增長率很高，需求高速增長，技術漸趨定型，行業特點、行業競爭狀況及用戶特點已比較明朗，企業進入壁壘提高，產品品種及競爭者數量增多。

這個時期的特點是：該行業已經形成並快速發展，大多數企業因高增長率而在行業中繼續存在；管理層需確保充分擴大產量達到目標市場份額；需大量資金達到高增長率和擴產計劃，現金短缺；利用專利或者降低成本來設置進入壁壘（內在規模經濟），阻止競爭者進入行業。

在成長期的後期，由於行業中生產廠商與產品競爭優勝劣汰規律的作用，市場上生產廠商的數量大幅度下降之後開始穩定。由於市場需求基本飽和，產品的銷售增長率減慢，迅速賺取利潤的機會減少，整個產業開始進入成熟期。

（3）成熟期。

這一時期的市場增長率不高，需求增長率不高，技術上已經成熟，行業特點、行業競爭狀況及用戶特點非常清楚和穩定，買方市場形成，行業盈利能力下降，新產品和產品的新用途開發更為困難，行業進入壁壘很高。

這一時期的特點是：行業增長率降到較正常水平，相對穩定，各年銷售量變動和利潤增長幅度較小，競爭更激烈；後期一些企業因投資回報率不滿意而退出行業，一小部分企業主導行業，需監控潛在兼併機會（啤酒行業）、探索新市場（中國拖拉機出口）、研發新技術、開發具有不同特色功能的新產品；戰略管理至關重要。

（4）衰退期。

這一時期的行業生產能力會出現過剩現象，技術被模仿後出現的替代產品充斥市場，市場增長率嚴重下降，需求下降，產品品種及競爭者數目減少。

從衰退的原因來看，可能有四種類型的衰退，它們分別是：①資源型衰退，即由於生產所依賴的資源的枯竭所導致的衰退；②效率型衰退，即由於效率低下的比較劣勢而引起的行業衰退；③收入低彈性衰退，即因需求—收入彈性較低而衰退的行業；④聚集過度性衰退，即因經濟過度聚集的弊端所引起的行業衰退。

這個階段的特點是：行業生產力過剩，技術被模仿後出現的替代品充斥市場，市場增長率嚴重下降，產品品種減少，行業活動水平隨各公司從該行業退出而下降，該行業可能不復存在或被並入另一行業；行業的存在期比任何單一產品都要長；充分運用戰略管理很重要。

上述對行業週期四個階段的說明只是一個總體狀況的描述，它並不適用於所有行業的情況。行業的實際生命週期由於受產業性質、政府干預、國外競爭和能源結構的變化等許多因素的影響而複雜得多。有些行業由於創業投資需要量小，產品比較符合消費者需要，因而幼稚期可能很短，甚至一開始就可能盈利。但上述有關行業生命週期的說明仍然概括了很多行業的增長形態，具有普遍意義。

研究行業生命週期的目的在於幫助人們選擇比較合理的行業進行投資，對投資者起到重要的指導作用。

7.3 政府政策與證券投資

與「看不見的手」相對應，政府採取一些有計劃的政策，如貨幣政策和財政政策來調節經濟活動的運行。

7.3.1 財政政策與證券投資

（1）財政政策的含義和主要手段。

財政政策是指一國政府根據一定時期政治、經濟、社會發展的任務而規定的一系列的方針、準則和措施的總稱。政府主要通過財政支出與稅收政策來調節需求。增加政府支出，可以刺激總需求，從而增加國民收入，反之則壓抑總需求，減少國民收入。稅收對國民收入是一種收縮性力量，因此，增加政府稅收，可以抑制總需求，從而減少國民收入，反之，則刺激總需求，增加國民收入。它由國家制定，代表統治階級的意志和利益，具有鮮明的階級性，並受一定的社會生產力發展水平和相應的經濟關係制約。

財政政策是國家整個經濟政策的組成部分，同其他經濟政策有著密切的聯繫。財政政策的制定和執行，要有金融政策、產業政策、收入分配政策等其他經濟政策的協調配合。

中國財政政策的基本手段主要有國家預算、稅收、財政補貼等。這些手段可以單獨使用，也可以配合使用。

①國家預算。

國家預算主要通過預算收支規模及平衡狀態的確定、收支結構的安排和調整來實現財政政策目標。它是財政政策的主要手段。作為政府的基本財政收支計劃，國家預算能夠全面反應國家財力規模和平衡狀態，並且是各種財政政策手段綜合運用結果的反應，因而在宏觀調控中具有重要的作用。

國家預算收支的規模和收支平衡狀態可以對社會供求的總量平衡產生影響。在一定時期，當其他社會需求總量不變時，財政赤字具有擴張社會總需求的功能。財政採用結餘政策和壓縮財政支出具有縮小社會總需求的功能。國家預算的支出方向可以調節社會總供求的結構平衡。財政投資主要運用於能源、交通及重要的基礎產業、基礎設施的建設。財政投資的多少和投資方向直接影響和制約國民經濟的部門結構。因而具有造就未來經濟結構的作用，也有矯正當期結構失衡狀態的功能。

②稅收。

稅收主要通過稅種、稅率來確定和保證國家財政收入，調節社會經濟的分配關係，以滿足國家履行政治經濟職能的財力需要，促進經濟穩定協調發展和社會的公平分配。它是國家憑藉政治權力參與社會產品分配的重要形式。由於稅收具有強制性、無償性和固定性特徵，使得它既是籌集財政收入的主要工具，又是調節宏觀經濟的重要手段。

稅收可以調節社會總供求的結構，可以根據消費需求和投資需求的不同對象設置

税种或在同一税种中实行差别税率，以控制需求数量和调节供求结构。

③财政投资。

财政投资通过国家预算拨款和引导预算外资金的流向、流量，以实现巩固和壮大社会主义经济基础，调节产业结构的目的。

④财政补贴。

财政补贴是国家根据经济发展规律的客观要求和一定时期的政策需要，通过财政转移的形式直接或间接地对农民、企业、职工和城镇居民实行财政补助，以达到经济稳定协调发展和社会安定的目的。

⑤财政信用。

财政信用是国家按照有偿原则，筹集和使用财政资金的一种再分配手段，包括在国内发行公债和专项债券，在国外发行政府债券，向外国政府或国际金融组织借款，以及对预算内资金实行周转有偿使用等形式。

⑥财政立法和执法。

财政立法和执法是国家通过立法形式对财政政策予以法律认定，并对各种违反财政法规的行为（如违反税法的偷税抗税行为等），诉诸司法机关按照法律条文的规定予以审理和制裁，以保证财政政策目标的实现。

⑦财政监察。

财政监察是实现财政政策目标的重要行政手段，即国家通过财政部门对国有企业事业单位、国家机关团体及其工作人员执行财政政策和财政纪律的情况进行检查和监督。

（2）财政政策的运作对证券投资的影响。

财政政策分为宽松的财政政策、紧缩的财政政策和中性财政政策。

宽松的财政政策是指通过财政分配活动来增加和刺激社会的总需求；增加国债、支出大于收入，出现财政赤字来实现。具体来说，它主要通过以下四个途径对证券市场产生影响：

①减少税收，降低税率，扩大减免税范围。其政策的经济效应是：增加微观经济主体的收入，刺激经济主体的投资需求，从而扩大社会供给。其对证券市场的影响是通过增加人们的收入引起证券市场价格上涨，并同时增加他们的投资需求和消费支出使得社会总需求增加。总需求增加又反过来刺激投资需求，企业扩大生产规模，企业利润增加，企业税后利润增加，这也将刺激企业扩大生产规模的积极性，进一步增加利润总额，从而促进股票价格上涨。

②扩大财政支出，加大财政赤字。其政策效应是扩大了社会总需求，从而刺激投资，扩大就业。政府通过政府购买和公共支出增加对商品和劳务的需求，刺激企业增加投入，提高产出水平，于是企业利润增加，经营风险降低，将使得股票价格上涨。同时，居民在经济恢复中增加了收入，持有货币增加，景气趋势更加了投资信心，购买力增强，股市趋于活跃，价格自然会上涨。

③减少国债发行或回购部分短期国债。其政策效应是扩大货币流通量，以扩大社会总需求，从而刺激生产。

④增加財政補貼。財政補貼往往使財政支出擴大。其政策效應是擴大社會總需求和刺激供給增加。

緊縮的財政政策的經濟效應及其對證券市場的影響與上述分析相反，不再一一敘述。

7.3.2 貨幣政策與證券投資

(1) 貨幣政策的含義和最終目標。

所謂貨幣政策就是指中央銀行為實現國民經濟的各種發展目標而進行的控製貨幣供給與信貸的行動。

從各國執行貨幣政策的實際情況看，中央銀行貨幣政策的最終目標往往不止一個，而是多個，確切地說，通常是四個：物價穩定、充分就業、經濟增長、國際收支平衡。除此之外，有的國家，比如美國，還將穩定金融納入貨幣政策的最終目標，具體地說，就是將利率穩定和金融市場穩定作為貨幣政策的最終目標。

①物價穩定。

物價穩定是指在經濟運行中保持一般物價水平的相對穩定。在現實經濟生活中，物價水平往往隨著社會總需求的擴大、商品成本的提高以及一些結構性經濟因素的影響而呈現上漲趨勢。中央銀行以物價穩定為其貨幣政策的最終目標，就是要通過吞吐基礎貨幣，控製貨幣供給量、信用量，平衡社會總需求與社會總供給，防止物價水平出現劇烈頻繁的波動。

物價穩定一般是中央銀行貨幣政策的首要目標，因為沒有穩定的物價就意味著沒有一個穩定的市場環境，價格信號失真，經濟的不確定性增加，難以做出投資和消費的正確決策，從而最終影響經濟的增長和就業的擴大。此外，通貨膨脹的再分配效應既造成收入的不公平分配，也破壞社會的安定。一般物價水平的變動通過物價指數來測量，常用的物價指數主要有消費物價指數、批發物價指數、國民生產總值和物價平減指數等。

②充分就業。

充分就業作為貨幣政策最終目標的重要性主要表現在兩個方面：第一，嚴重的失業意味著生產資源的閒置和浪費，意味著產出的損失；第二，嚴重的失業是一種社會災難，必將導致嚴重的社會不公正，進而危及社會的穩定。

充分就業不是絕對的，也不可能是絕對的。因為在市場經濟的條件下，不僅勞動者有權選擇合適的職業，企業也有權選擇合適的個人。當一個勞動者因尋找合適的工作而處於失業狀態時，這種失業應該是正常的。此外，一個具有就業能力的人，可能選擇進一步學習或休息而自願在一定時間內處於失業狀態。企業也會因暫時找不到合適的個人而造成失業的增加。總之，存在自願失業、摩擦失業以及結構性失業是正常的。

③經濟增長。

經濟增長目標與充分就業目標之間緊密關聯，因為越接近充分就業，就越意味著生產資源被充分利用。各國通常將國民生產總值增長率、國民收入增長率、人均國民

生產總值、人均國民收入增長率作為衡量經濟增長的主要指標。資本量、勞動生產率、投資等因素均對一國的經濟增長產生影響。中央銀行作為金融當局，為實現既定的經濟增長目標，可以憑藉其所能操作的各種政策工具，增加貨幣供給、降低利率水平，以促進投資，或者控製通貨膨脹，以消除不可預測的通貨膨脹率變動對投資的影響。

④國際收支平衡。

國際收支平衡是指一國對其他國家的全部貨幣收入和貨幣支出相抵之後略有順差或略有逆差的狀態。在開放型經濟中，國際收支是否平衡將對一國國內貨幣供應量與物價產生較大影響。如果出現過大順差，則會增加一國國內貨幣供應量並相對減少該國市場商品供應量，從而使該國市場貨幣供給偏多、商品供應不足的情況出現，加劇該國商品市場的供求矛盾，導致物價上漲。如果出現過大逆差，則會增加一國國內商品供應量，在該國國內貨幣量偏少的情況下，就會加劇該國國內市場商品過剩，可能導致經濟增長停滯。可見，一國國際收支出現失衡，都將給該國經濟造成不利影響。尤其是逆差，因而各國在調節國際收支平衡時，重點通常放在減少或消除逆差上。

(2) 貨幣政策工具。

貨幣政策工具，即中央銀行為謀求貨幣政策最終目標的實現而對貨幣供給量、信用量所使用的調控手段。一般性的貨幣政策工具主要包括：貼現政策、公開市場操作和法定存款準備金政策。

①貼現政策。

貼現政策的使用主要表現在中央銀行改變貼現利率上。所謂貼現利率，在大多數的情況下其實就是中央銀行對商業銀行或存款類金融機構的貸款利率。貼現政策是通過影響貼現貸款和基礎貨幣的量來影響貨幣供給的。

其政策效果是，中央銀行提高或降低貼現率使商業銀行或其他金融機構向中央銀行借款的成本發生變化，從而漸次影響基礎貨幣投放量、貨幣供應量與其他經濟變量。商業銀行的借款成本發生變化，進一步地影響市場的貸款利率，生產廠商的投資成本也會發生變化，進而影響信貸規模以及貨幣供應量。

貼現政策的最大優點是中央銀行可以通過它來發揮最後貸款人的作用。在特殊情況下，中央銀行還可以運用貼現政策來調整信貸結構，貫徹產業政策。

②公開市場操作。

公開市場操作是指中央銀行為了影響貨幣供應量和市場利率，而在金融市場上公開買賣有價證券的行為。中央銀行根據金融市場上的資金供求狀況，適時、適度地買進或賣出有價證券以調節金融；當貨幣供給不足、利率偏高時，中央銀行即在公開市場上買進有價證券，通過支付證券款項而增加基礎貨幣的市場投放，由此推動貨幣供應量的增加和利率的降低；當貨幣供應過多、利率偏低時，中央銀行即在公開市場上賣出有價證券，通過收取證券款項而減少市場上的基礎貨幣量，由此引起貨幣供應量的減少和利率的上升。

公開市場的操作效果主要是通過調節市場利率、影響銀行體系的準備金和貨幣供應量來實現的。中央銀行在金融市場上買賣有價證券，直接影響利率水平高低或利率

結構的變化。如果中央銀行在公開市場上大量買進有價證券，必將推動有價證券價格上漲，進而導致利率水平下降，對經濟產生擴張性影響；反之，則使有價證券價格下跌，利率水平上漲，對經濟產生收縮性影響。

③法定存款準備金政策。

存款準備金或準備金，主要由兩個部分構成：一是銀行的庫存現金；二是銀行存入中央銀行準備金帳戶上的存款餘額。法定準備金也是由兩個部分構成，不過其數額由中央銀行依據法定準備金率加以規定，銀行實際持有的準備金不得低於法定準備金數額的要求。

所謂法定存款準備金政策，是指中央銀行憑藉法律授權，規定和調整商業銀行的法定存款準備金率，左右商業銀行信貸規模，借以改變貨幣乘數，增減貨幣供給量，進而影響整個國民經濟。

法定存款準備金率一旦發生改變，也就意味著銀行必須持有的準備金數額隨之改變。如果法定存款準備金率提高，則意味著對於同等數量的存款額所要求的準備金增加，於是也就意味著超額準備金的減少，甚至準備金的不足。在這種情況下，銀行的貸款和投資或者不能增加，或者必須減少，而不管是哪一種情況發生，都可能意味著貨幣乘數的減小，從而使貨幣供給量降低；反之，則正好相反，貨幣乘數增大，貨幣供給量上升。

（3）貨幣政策的運作對證券投資的影響。

一國貨幣管理當局為實現既定的貨幣政策最終目標，啟用一定的貨幣政策工具，作用於貨幣政策的中間目標，並適時適度地進行微調。在執行貨幣政策的過程中，必然會涉及各種中間環節相互間的有機聯繫或因果關係，涉及貨幣供給變動影響名義和實際變量的途徑等，這就是貨幣政策從制定到發生作用的過程，整個過程將會無形中影響證券市場的投資活動。

關於貨幣政策的傳導機制，凱恩斯學派的思路是：貨幣供給對於需求突然增加後，首先是利率下降，其次是利率下降又促使投資增加。如果消費傾向既定，則通過乘數作用，又可促使國民所得增加。凱恩斯認為，增加貨幣數量既會影響物價，也會影響產出，但首先是影響產出（使之增長）。在達到充分就業後，即包括勞動力和其他生產資料在內的生產要素的潛力被充分利用後，貨幣供給增加就只會影響物價。不過，凱恩斯還認為，在做進一步分析時，如果考慮到若干複雜因素，貨幣供給的增加所引起的有效需求的增加，一部分作用於就業量的增加，另一部分則作用於物價水平的提高。也就是說，在貨幣供給增加的過程中，並非由於失業存在時物價不變，一旦達到充分就業，物價就隨貨幣數量作同比例變動，而且在就業量增加的同時物價也會逐漸上漲。

貨幣學派則認為：假定從原先的完全均衡狀態出發，中央銀行為增加貨幣供應量而在公開市場上購入證券，銀行體系的準備金增加，其放款能力也隨之增強。這樣，商業銀行就會通過降低利率，增加放款與投資，貨幣供應量因此而增加。在名義貨幣供應量增加的過程中，人們感覺較以前更加富有，從而將貨幣轉向價格尚未上漲的其他資產，如股票和債券，從而影響證券市場的價格和收益率；而實際資產需求的增加

和價格的上漲，又促使生產者增加生產，從而增加名義收入，進一步地又影響人們的投資行為。

　　總之，不管是哪種傳導機制，都會對證券市場產生影響。總的來說，貨幣政策同樣也分為寬鬆的貨幣政策和緊縮的貨幣政策。寬鬆的貨幣政策是指增加貨幣供應量，降低利率，放鬆信貸控製。緊縮的貨幣政策是指減少貨幣供應量，提高利率，加強信貸控製。寬鬆的貨幣政策將使得證券市場價格上漲，緊縮的貨幣政策將使得證券市場價格下跌。

8 證券投資的技術分析

8.1 技術分析概述

8.1.1 技術分析的概念

　　技術分析是通過對市場過去和現在的行為，運用一系列方法進行歸納和總結，概括出一些典型的行為，並據此預測證券市場的未來變化。技術分析的特徵表現在三個方面。①運用歷史資料進行分析，主要採用的數據是成交價和成交量。這些數據昭示了市場未來變化的某個方面。②大量採用統計指標和圖形方法。歷史資料畢竟是零亂的，並帶有一定的隨機成分，通過一定方法對歷史資料進行加工，可使其揭示未來的成分更加昭彰。③許多技術分析方法包含著對人們心理活動的定量分析。

　　所謂股價的技術分析，是相對於基本分析而言的。正如上一章所述，基本分析法著重於對一般經濟情況以及各個公司的經營管理狀況、行業動態等因素進行分析，以此來研究股票的價值，衡量股價的高低。而技術分析則是透過圖表或技術指標的記錄，研究市場過去及現在的行為反應，以推測未來價格的變動趨勢。其依據的技術指標的主要內容是由股價、成交量或漲跌指數等數據計算而得的，我們也由此可知——技術分析只注重證券市場本身的變化，而不考慮會對其產生某種影響的經濟方面、政治方面等各種外部的因素。

　　基本分析的目的是為了判斷股票現行股價的價位是否合理並描繪出它長遠的發展空間，而技術分析主要是預測短期內股價漲跌的趨勢。通過基本分析我們可以瞭解應購買何種股票，而技術分析則讓我們把握具體購買的時機。在時間上，技術分析法注重短期分析，在預測舊趨勢結束和新趨勢開始方面優於基本分析法，但在預測較長期趨勢方面則不如後者。大多數成功的股票投資者都是把兩種分析方法結合起來加以運用，他們用基本分析法估計較長期趨勢，而用技術分析法判斷短期走勢和確定買賣的時機。

　　股價技術分析和基本分析都認為股價是由供求關係所決定的。基本分析主要是根據對影響供需關係種種因素的分析來預測股價走勢，而技術分析則是根據股價本身的變化來預測股價走勢。技術分析的基本觀點是：所有股票的實際供需量及其背後起引導作用的種種因素，包括股票市場上每個人對未來的希望、擔心、恐懼等，都集中反應在股票的價格和交易量上。

　　技術分析區別於其他分析方法的關鍵在於，它更像一門藝術。技術分析是成千上

萬證券市場投資者經驗的結晶。其一，在它的各種理論體系中，從定義到規則，都帶有明顯的經驗總結色彩，不具備嚴格的數學推理過程；其二，它包含的理論很多，每位技術分析家都有不同的見地，這些分支理論並不能形成一整套相互輝映的理論體系。因此，技術分析是經驗的不斷總結，有很濃的主觀色彩。對於投資者來說，市場經驗越豐富，對於技術分析的理解、應用就更有深切的體會，更能夠很好地指導交易。

8.1.2 技術分析的假設條件

技術分析建立在三個前提條件下，如果三個前提條件不存在的話，那麼技術分析沒有任何意義。

（1）第一個條件：市場行為包容消化一切。

技術分析者認為，能夠影響某種證券價格的任何因素（不管是宏觀的或是微觀的）都反應在其證券的價格之中。研究影響證券價格的因素對普通投資者來說是不可能實現的，即使是經濟學家對市場的分析也是不確定的。因此，研究證券的價格就是間接地研究影響證券價格的經濟基礎。技術分析者通過研究價格圖表和大量的輔助技術指標，讓市場自己揭示它最可能的走勢。

（2）第二個條件：價格以趨勢方式演變。

技術分析者通過經驗的總結，認為證券的價格運動是以趨勢方式演變的。研究價格圖表的全部意義，就是要在一個趨勢發生發展的早期，及時準確地把它揭示出來，從而達到順應趨勢交易的目的。正是因為有趨勢的存在，技術分析者通過對圖表、指標的研究，發現趨勢的即將發展的方向，從而確定買入和賣出股票的時機。

（3）第三個條件：歷史會重演。

這一假設的含義是投資者過去的經驗是他制定投資策略的參考。投資者在證券市場出現某種情況的條件下，他採取某一策略獲得了盈利或避免了損失，若下一次出現了相同或相似的情況，他會採取大體相同的策略。技術分析者認為人類的本性就是「江山易改，本性難移」。圖表表現了人們對於市場的看法，通過對圖表的研究可以找到相似的形態，從而找到未來價格運動的方向。

8.2 技術分析理論

技術分析理論的主要代表有道氏理論、波浪理論、信心股價理論等。

8.2.1 道氏理論

（1）道氏理論概述。

根據道氏理論，股票價格運動有三種趨勢，其中最主要的是股票的基本趨勢，即股價廣泛或全面性上升或下降的變動情形。這種變動持續的時間通常為一年或一年以上，股價總升（降）的幅度超過20%。其中，只要下一個上漲的水準超過前一個高點，而每一個次級的下跌其波底前都較前一個下跌的波底高，那麼，主要趨勢是上升的，

這被稱為多頭市場。相反地，當每一個中級下跌將價位帶至更低的水準，而接著的彈升不能將價位帶至前面彈升的高點，主要趨勢是下跌的，這稱之為空頭市場。

股價運動的第二種趨勢是股價的次級趨勢。因為次級趨勢經常與基本趨勢的運動方向相反，並對其產生一定的牽製作用，因而也稱為股價的修正趨勢。在多頭市場裡，它是中級的下跌或「調整」行情；在空頭市場裡，它是中級的上升或反彈行情。通常在多頭市場裡，它會跌落主要趨勢漲升部分的 1/3~2/3。屬於調整行情可能是回落不少於 10 點，不多於 20 點。然而，值得注意的是：1/3~2/3 的原則並非是一成不變的，它只是概率的簡單說明，大部分的次級趨勢的漲落幅度在這個範圍裡；它們之中的大部分停在非常接近半途的位置，回落原先主要漲幅的 50%；這種回落達不到 1/3 的情況很少。因此，我們有兩項判斷一個次級趨勢的標準，任何和主要趨勢相反方向的行情，通常情況下至少持續三個星期左右，回落主要趨勢漲升的 1/3。然而，除了這個標準以外，次級趨勢通常是混淆不清的。它的確認，對它發展的正確評價及它的進行的全過程的斷定，始終是理論描述中的一個難題。

股價運動的第三種趨勢稱為短期趨勢，反應了股價在幾天之內的變動情況。很少超過三個星期，通常情況下少於六天。它們本身儘管是沒有什麼意義，但是使得主要趨勢的發展全程賦予了神祕多變的色彩。通常，不管是次級趨勢或兩個次級趨勢，所夾的主要趨勢部分都是由一連串的三個或更多可區分的短期變動所組成。由這些短期變化所得出的推論很容易導致錯誤的方向。

在三種趨勢中，長期投資者最關心的是股價的基本趨勢，其目的是想盡可能地在多頭市場上買入股票，而在空頭市場形成前及時地賣出股票。投機者則對股價的修正趨勢比較感興趣，他們的目的是想從中獲取短期利潤。短期趨勢的重要性較小，且易受人為操縱，因而不便作為趨勢分析的對象。人們一般無法操縱股價的基本趨勢和修正趨勢，只有國家的財政部門才有可能進行有限的調節。

上述股票市場波動的三種趨勢，與海浪的波動極其相似。在股票市場裡，主要趨勢就像海潮的每一次漲（落）的整個過程。其中，多頭市場好比漲潮，一個接一個的海浪不斷地湧來拍打海岸，直到最後到達標示的最高點，而後逐漸褪去。逐漸褪去的落潮可以和空頭市場相比擬。在漲潮期間，每個接下來的波浪其水位都比前一波漲升得多而退卻比前一波要少，進而使水位逐漸升高。在退潮期間，每個接下來的波浪比先前的更低，後一波不能恢復前一波所達到的高度。漲潮（退潮）期的這些波浪就好比是次級趨勢。同樣，海水的表面被微波漣漪所覆蓋，這和市場的短期變動相比較，它們是不重要的日常變動。

（2）道氏理論的缺陷。

當然，道氏理論也是有缺陷的。道氏理論的主要目標是探討股市的基本趨勢，一旦基本趨勢確立，道氏理論假設這種趨勢會一路持續，直到趨勢遇到外來因素破壞而改變為止。但有一點值得注意的是，道氏理論只推斷股市的大勢所趨，卻不能推動大趨勢裡面的升幅或者跌幅將會到哪個程度。並且，道氏理論對選股沒有幫助。此外，道氏理論注重長期趨勢，對中期趨勢，特別是不知是牛市還是熊市的情況下，不能給投資者明確啟示。

8.2.2 波浪理論

（1）波浪理論的提出和概念。

波浪理論是技術分析大師拉爾夫・納爾遜・艾略特發明的一種分析工具，與其他追隨趨勢的技術方法不同，波浪理論可以在趨勢確立之時預測趨勢何時結束，是現存最好的一種預測工具。

艾略特利用道瓊斯工業平均指數作為研究工具，發現不斷變化的股價結構性形態反應了自然和諧之美。根據這一發現他提出了一套相關的市場分析理論，精煉出市場的13種形態或波浪，在市場上這些形態重複出現，但是出現的時間間隔及幅度大小並不一定具有再現性。爾後他又發現了這些呈結構性形態之圖形可以連接起來形成同樣形態的更大圖形。這樣，艾略特提出了一系列權威性的演繹法則用來解釋市場的行為，並特別強調波動原理的預測價值，這就是久負盛名的艾略特波浪理論，又稱波浪理論。

波浪是指股票價格的波動，都與大自然的潮汐、波浪一樣，一浪跟著一浪，周而復始，具有相當程度的規律性，以一種「可識別的模式」前進和反轉，這些模式在形態上不斷重複（不一定在時間和幅度上重複）。

（2）波浪理論的特點。

①股價指數的上升和下跌將會交替進行。

②推動浪和調整浪是價格波動兩個最基本的形態，而推動浪（即與大勢走向一致的波浪）可以再分割成五個小浪，一般用第1浪、第2浪、第3浪、第4浪、第5浪來表示，調整浪也可以劃分成三個小浪，通常用a浪、b浪、c浪來表示。

③在上述八個波浪（五上三落）完畢之後，一個循環即宣告完成，走勢將進入下一個八波浪循環。

④時間的長短不會改變波浪的形態，因為市場仍會按照其基本形態發展，波浪可以拉長，也可以縮短，但其基本形態不變。大致形態如圖8.1所示。

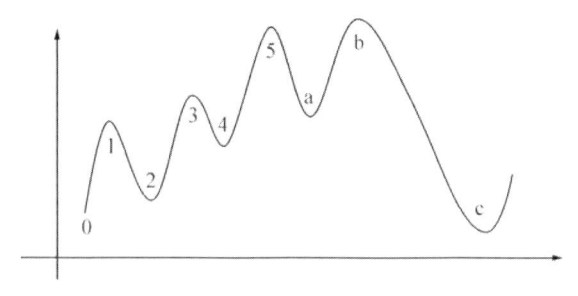

圖8.1　波浪的基本形態

（3）波浪理論的應用。

我們知道了一個週期運行的全過程，就可以對大勢進行預測。首先，我們要明確當前所處的位置，只要明確了目前的位置，按波浪理論所指明的各種浪的數目就知道下一步該干什麼。要弄清楚目前的位置，最重要的是準確地識別三浪結構和五浪結構，這兩種結構具有不同的預測作用。一組趨勢向上（或向下）的五浪結構，通常可能是

更高層次波浪的一浪，中途若遇調整，我們就知道這一調整不會以五浪的結構而只會以三浪的結構進行。一旦調整完成三浪結構，就立即採取行動，買入或拋出。

如果發現了一個五浪結構，而且目前在這個五浪結構的末尾，那麼一個三浪的回頭調整浪就在後面，應該立即採取行動。如果這一個五浪結構同時又是更上一層波浪的末尾，那麼一個更深的更大規模的三浪結構將會出現，這時採取行動是非常必要的。上升五浪、下降三浪的原理也可以用到熊市中，這時結論變成下降五浪。不過，股價指數是不斷上升的，把牛市看成股市的主流，把熊市看成股市的調整就稱為習慣。應該注意，下降五浪、上升三浪也是可能出現的。

下面把波浪理論的主要內容總結一下：①一個完整的上升或下降週期由八浪組成，其中五浪是主浪，三浪是調整浪；②每個波浪可以合併成一個高層次的浪，一個波浪也可以細分成時間更短、層次更低的小浪；③波浪的細分和合併應按一定的規則；④所有的浪由兩部分組成——主浪和調整浪，即任何一浪，要麼是主浪，要麼是調整浪。

(4) 波浪理論的不足。

儘管波浪理論預測準確率高，頗具實用價值，但從波浪理論的原理我們發現它還是有諸多不足之處。

波浪理論最大的不足是應用上的困難。波浪由八浪構成一個完整的週期，但是，主浪的變形和調整浪的變形會產生複雜多變的形態，波浪所處的層次又會產生大浪套小浪、浪中有浪的多層次形態，這些都會使應用者在具體數浪時發生偏差。浪的層次的確定和浪的起始點的確認是應用波浪理論的兩大難點。

波浪理論的第二個不足是面對同一個形態，不同的人會產生不同的數法，似乎都有道理，誰也難以說服誰。包括艾略特本人，很多時候都受同一個問題的困擾，就是一個浪是否已經完成了而開始了另外一個浪呢？不同的數浪法產生的結果相差很大。例如，一個下跌的浪可以被當成第2浪，也可能被當成a浪。如果是第2浪，緊接而來的第3浪很誘人。而如果是a浪，這之後的下跌幅度可能很大。看錯的後果十分嚴重，一套不能確定的理論應用在風險很高的股票市場，運作錯誤足以使人損失慘重。產生這種現象的原因主要是兩方面因素。①股價曲線的形態通常很少按五浪加三浪的八浪簡單結構進行，對於不少這種規範結構的形態，不同的人有不同的處理方法，主觀性很強。有些小波動，有的人可能不計入浪，有的人可能又會將其計入。由於有延伸浪，五浪可能成為九浪。波浪在什麼條件下可以延伸，什麼條件下不可以延伸，沒有明確的標準，用起來隨心所欲，仁者見仁，智者見智。②波浪理論中的大浪小浪是可以無限延伸的，長的可以好多年，短的只有幾天。上升可以無限制地上升，下跌也可以無限制地下跌。因為，我們總是可以認為目前的情況不是最後的浪。

波浪理論只考慮了價格形態上的因素，而忽視了成交量方面的影響，這給操縱者提供了機會。正如在形態分析中的假突破一樣，波浪理論也可能造成一些形態讓人上當。當然，這個不足是很多技術分析方法都有的。

在應用波浪理論時，我們會發現，當事情過去以後，回過頭來觀測已經走過的圖形，用波浪理論的方法可以很完美地將其劃分出來。但是在形態形成途中，進行波浪

的劃分是已經很困難的事。波浪理論從根本上說是一種主觀分析工具,這給我們增加了應用上的困難,在對波浪理論的瞭解不夠深入之前,最好僅僅把它當成一種參考工具。

8.2.3 信心股價理論

信心股價理論,是基於市場心態的觀點去分析股價。由於傳統股價理論過於機械性地重視影響公司盈餘,而並不能解釋在多變的股市中股價漲跌的全盤因素。尤其當一些突發性因素導致股價應漲不漲,反而下跌,或應跌不跌,反而上升,此種現象,更使傳統的股價理論變得矛盾。因此信心股價理論,強調股票市場由心理或信心因素影響股價。

根據信心股價理論,促成市場股價變動的因素,是市場對於未來的股票價格、公司盈利與股票投放比率等條件所產生信心的強弱。投資者若對股市基本情況表示樂觀,信心越強,就必然以買入股票來表現其心態,股價因而上升,倘若資金本身過於樂觀時,投資者可能漠視股票超越了合理正常價格水平,而盲目大量買入,使股票價格上漲至不合情理的價位水平。

相反,投資人士若對股票市場基本情況表示悲觀時,信心轉低落,將拋出手中股票,股價因此而下跌,倘若投資人士心理過度悲觀,以致不顧正常股票價格、公司盈餘與股息水平而大量拋售股票,則可導致股票價格被拋低至不合理水平。

就因為投資人士信心的強弱,而產生了各種不同的情況,有時甚至與上市公司營運狀況,以及獲利能力等基本因素完全脫節,使股價狂升暴跌的原因就在這裡。

信心股價理論以市場心理為基礎來解釋市場股價的變動,並完全依靠公司財務上的資料,故此理論可以彌補傳統股價理論的缺點,對股市的反常現象,提出合理的解釋。譬如經濟狀況良好,股價卻疲弱,或者經濟情況欠佳而股價反而上升的原因,如果這個理論是對的話,投資的策略就是研究市場心態,是悲觀還是樂觀,而順應市勢去做,必可獲利。

但信心股價理論也有缺點。其嚴重的弱點是因為股票市場的群眾信心很難衡量,常使分析股票市場動態的人士感到困惑,因此仍有不少投資人士信任傳統股價理論,可是在很多情況下,傳統股價學說又被證明失敗。傳統股價理論過於重視公司的運作情況和經營獲利能力,忽視其他影響股價的眾多外在因素,自然有所缺失。信心股價理論則又過於重視影響股價的各種短期外來因素,而忽略公司本質的優劣。

8.3 技術分析的主要分析方法

主要分析方法有K線(日本線)理論、量價關係理論等。

8.3.1 K線分析

K線圖表起源於日本,被當時日本米市的商人用來記錄米市的行情與價格波動,

後因其細膩獨到的標畫方式而被引入股市及期貨市場。目前，這種圖表分析法在中國以至整個東南亞地區尤為流行。由於用這種方法繪製出來的圖表形狀頗似一根根蠟燭，因此在臺灣又將其稱為燭線。加上這些蠟燭有黑白之分，因而也叫陰陽線圖表。通過 K 線圖，我們能夠把每日或某一週期的市況表現完全記錄下來。

由於 K 線圖的表達方式直觀易懂，因此，K 線圖分析是技術分析的重要工具和手段。

8.3.1.1　K 線的製作

一條 K 線記錄的是某一種股票一段時間的價格變動情況。將每天的 K 線按時間順序排列在一起，就組成反應這種股票每天價格變動情況的 K 線圖，這就叫日 K 線圖。將每周、每月的 K 線按時間順序排列起來，就是周、月 K 線圖。

價格的變動主要體現在四個價格上，即開盤價（O）、最高價（H）、最低價（L）和收盤價（C）。開盤價又稱開市價，是指某種證券在證券交易所每個交易日開市後的第一筆買賣成交價格。世界上大多數證券交易所都採用成交額最大原則來確定開盤價。如果開市後一段時間內（通常為半小時）某種證券沒有買賣或沒有成交，則取前一日的收盤價作為當日證券的開盤價。如果某證券連續數日未成交，則由證券交易所的場內仲介經紀人根據客戶對該證券買賣委託的價格走勢提出指導價，促使成交後作為該證券的開盤價。在無形化交易市場中，如果某種證券連續數日未成交，則以前一日的收盤價作為它的開盤價。最高價和最低價是每個交易日中股票成交價格最高的和最低的那個價格，它們反應當日股票價格上下波動的幅度大小。最高價和最低價如果相差太大，說明當日股票市場交易活躍，買賣雙方爭執激烈。收盤價是指某種證券在證券交易所一天交易活動結束前最後一筆交易的成交價格。如當日沒有成交，則採用最近一次的成交價格作為收盤價。收盤價是多空雙方經過一天的鬥爭最終達成的共識，也是供需雙方當日最後的暫時平衡點，具有指明目前價格的非常重要的功能。四個價格中，收盤價最為重要，人們在談到目前某只股票的價格時，往往說的是收盤價。在總體上，這四個價格容易被操縱，因此 K 線也容易被操縱。

K 線是柱狀的、由影線和實體組成。影線在實體上方的部分叫上影線，在下方的部分叫下影線。實體分陰線和陽線兩種，又稱紅（陽）和黑（陰）線。圖 8.2 是兩種常見的 K 線的形狀，中間的矩形長條叫實體，上下伸出的兩條細線叫上、下影線。如果開盤價高於收盤價，則實體為陰線或黑線（圖 8.2 右圖）；反之，收盤價高於開盤價，則實體為陽線或紅線（圖 8.2 左圖）。將四個價格在坐標紙上一一標出，然後按圖 8.2 的方式即可畫出。將每個交易日的 K 線連接在一起，就構成反應股票價格歷史情況的 K 線圖。

投資管理

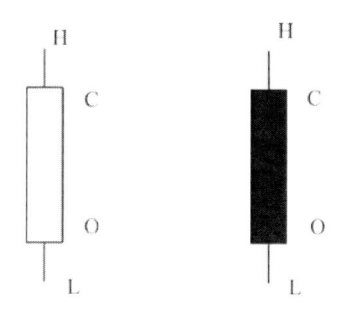

圖 8.2　兩種常見 K 線的形狀

8.3.1.2　K 線的含義

除了圖 8.2 所畫 K 線的形狀外，由於四個價格的不同取值，還會產生其他形狀的 K 線，概括起來有以下 5 種。

（1）光頭陽線和光頭陰線。

這是沒有上影線的 K 線，當收盤價或開盤價正好與最高價相等時，就會出現這種 K 線。如圖 8.3 所示。

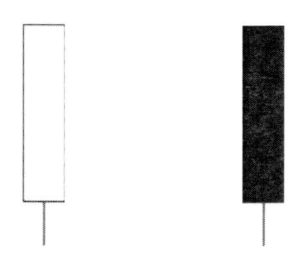

圖 8.3　光頭陽線和光頭陰線

（2）光腳陽線和光腳陰線。

這是沒有下影線的 K 線，當收盤價或開盤價正好與最低價相等時，就會出現這種 K 線。如圖 8.4 所示。

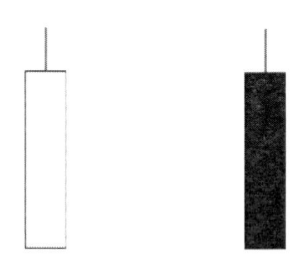

圖 8.4　光腳陽線和光腳陰線

（3）光頭光腳的陽線和陰線。

這種 K 線既沒有上影線也沒有下影線，當開盤價和收盤價分別與最高價和最低價相等時，就會出現這種 K 線。如圖 8.5 所示。

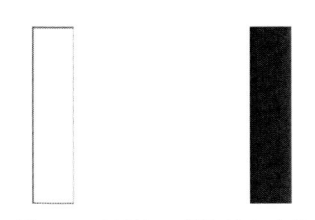

圖 8.5　光頭光腳的陽線和陰線

（4）十字星。

當收盤價與開盤價相同時，就會出現這種 K 線，如圖 8.6 所示。它的特點是沒有實體。

圖 8.6　十字星

（5）T 字型和倒 T 字型。

在十字星的基礎上，如果再加上禿頭和光腳的條件，就會出現這兩種 K 線，如圖 8.7 所示。它們沒有實體，而且沒有上影線或者沒有下影線，形狀就像英文字母 T。

圖 8.7　T 字型和倒 T 字型

K 線圖是反應股價變動情況的圖形，其目的是測量多空雙方的力量對比，為我們做多或做空提供依據。在 K 線圖中，陽線實體的長短代表多方力量的強弱，陰線實體的長短代表空方力量的強弱；上影線表示上方拋壓，影響的長短代表拋壓的大小，下影線表示下方接盤，影線的長短代表承接力量的大小。所以，K 線圖是將買賣雙方實際交戰的結果用圖表示出來的方法之一，從中能夠看到買賣雙方在爭鬥中力量的增加和減少，以及買賣雙方對鬥爭結果的認同。

8.3.1.3　K 線組合的含義

兩根 K 線的組合情況非常多，要考慮兩根 K 線的陰陽、高低、上下影線。但是，在 K 線組合中，只要掌握了判斷 K 線組合含義的規則，有些組合的含義可以通過別的組合含義推測出來。我們只需掌握幾種特定的組合形態，然後舉一反三，就可得知別的組合的含義。

無論是兩根 K 線還是多根 K 線，都是以兩根 K 線的相對位置的高低和陰陽來推測行情的。將前兩天的 K 線畫出，然後，用數字將前天的 K 線劃分成五個區域，見圖

8.8。前天的 K 線是判斷行情的基礎，第二天的 K 線是判斷行情的關鍵。簡單地說，第二天多空雙方爭鬥的區域越高，越有利於上漲；越低，越有利於下降。也就是從區域 1 到區域 5 是多方力量減少、空方力量增加的過程。

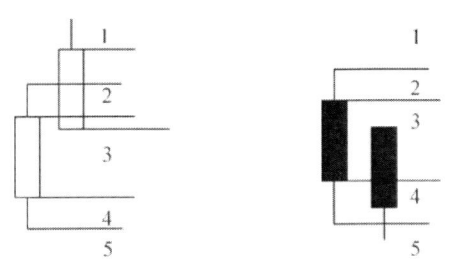

圖 8.8　多空的力量對比

以下是幾種具有代表性的 K 線組合情況，由它們的含義可以得知 K 線組合的含義。

（1）連續兩陽和連續兩陰。

如圖 8.9 所示。這是多空雙方的一方已經取得決定性勝利，牢牢地掌握了主動權，今後將以取勝的一方為主要運動方向。左圖是多方獲勝，右圖是空方獲勝。第二根 K 線實體越長，超出前一根 K 線越多，則取勝一方的優勢就越大。

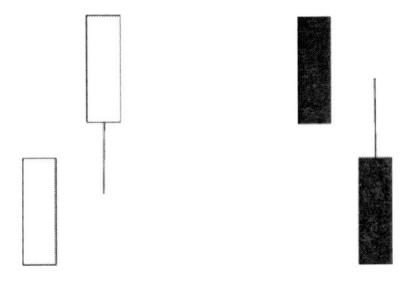

圖 8.9　連續兩陽和連續兩陰

（2）曙光初現和烏雲蓋頂。

如圖 8.10 所示。曙光初現的第一根 K 線為陰線，第二根 K 線為跳低開盤，但收盤價切入第一根 K 線的實體部分。它表明空方的打壓遭遇多方的頑強抵抗，若在股價運行的底部出現，則是見底回升的強烈信號。烏雲蓋頂的情況正好相反。

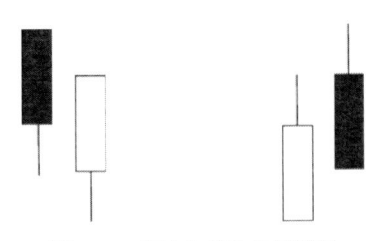

圖 8.10　曙光初現和烏雲壓頂

（3）陰包陽和陽包陰。

如圖 8.11 所示。陰包陽是第一根陽線的實體較長，但第二根陰線的實體更長，第

二根陰線把第一根陽線完全覆蓋。陰包陽的情況則完全相反，陰包陽顯示多方的進攻在空方的反擊下土崩瓦解，後市看跌。

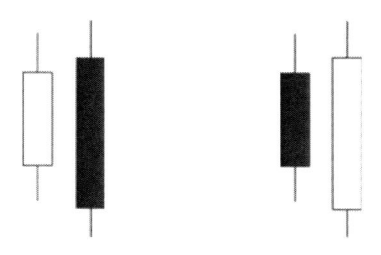

圖 8.11　陰包陽和陽包陰

（4）三個「紅小兵」和三只「黑烏鴉」。

如圖 8.12 所示。三個「紅小兵」是在底部出現三根上下影線很短的、大體等長的小陽線，這是股價見底的信號。三只「黑烏鴉」的情況則完全相反。

圖 8.12　三個「紅小兵」和三只「黑烏鴉」

（5）早晨之星和黃昏之星。

如圖 8.13 所示。早晨之星是一根實體較長的陰線之後緊接著出現一根跳低開盤的小陽線，第三天又出現一根陽線，且收盤價切入第一根陰線的上半部分。這種組合若出現在股價運行的底位，則是見底反轉的信號。黃昏之星的情況則完全相反。

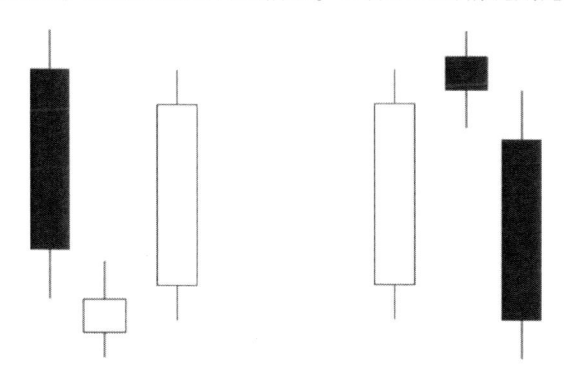

圖 8.13　早晨之星和黃昏之星

（6）一陽吃兩陰和一陰吃兩陽。

如圖 8.14 所示。一陽吃兩陰是第三根陽線的實體吞吃前兩根陰線，且收盤價高於第一根 K 線的最高價。一陽吃兩陰表明多方發起了強烈反攻，後市看漲。一陰吃兩陽的情況則完全相反。

投資管理

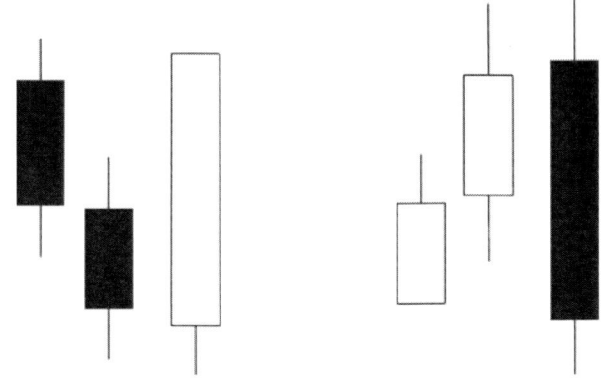

圖 8.14　一陽吃兩陰和一陰吃兩陽

8.3.2　價量分析

市場行為最基本的表現就是成交價和成交量。過去和現在的成交價、成交量涵蓋了過去和現在的市場行為。技術分析就是利用過去和現在的成交量、成交價資料，以圖形分析和指標分析工具來解釋、預測未來的市場走勢。這裡，成交價、成交量就稱為技術分析的要素。如果把時間也考慮進去，技術分析就可簡單地歸結為對時間、價、量三者關係的分析。在某一時點上的價和量反應的是這一時點上的市場行為，是雙方的暫時均衡點，隨著時間的變化，均勢會不斷發生變化，這就是價量關係的變化。一般來說，買賣雙方對價格的認同程度通過成交量的大小確認。認同程度大，成交量大；認同程度小，成交量小。雙方的這種市場行為反應在價、量上往往呈現出這樣一種規律：價增量增，價跌量減。根據這一規律，當價格上升時，成交量不再增加，意味著價格上升得不到買方認同，價格的上升趨勢將會改變；反之，當價格下跌時，成交量萎縮到一定程度就不再萎縮，意味著賣方不再認同價格繼續下降，價格下跌趨勢將會改變。成交價、成交量的這種規律是技術分析的合理性所在，因此，價、量是技術分析的基本要素，一切技術分析方法都是以價、量關係為研究對象的。

技術分析方法認為，價格的漲、跌和平是股價變動的方向，成交量是對價格變動方向的認同，也可以認為是價格變動的力量。根據這樣一種認識，股價變動與成交量之間的關係可以總結為以下六種情況：

①股價上升，成交量增加。

技術分析人士常將這種情況稱為價升量增。它表明股價上漲得到成交量的認同，後市具有進一步上漲的潛力。

②股價上升，成交量減少。

技術分析人士常將這種情況稱為空漲。它表明股價上漲沒有得到成交量的認同，股價上升的動力不足，後市看跌。

③股價下跌，成交量增加。

技術分析人士常將這種情況稱為價跌量增。它表明股價下跌得到成交量的認同，

後市具有進一步下跌的動力。

④股價下跌，成交量減少。

技術分析人士常將這種情況稱為空跌。它表明股價下跌沒有得到成交量的認同，股價下跌的動力不足，後市看漲。

⑤股價持平，成交量增加。

這種情況應具體分析。股價經歷一段下跌後，放出了一定的成交量，而股價持平，表明逢低吸納的投資者增多，股價有反彈或反轉的可能，這種情況常稱為底部放量，後市應看好；股價經歷一段上漲後，放出了一定的成交量，而股價持平，表明逢高減磅的投資者增多，股價有反彈或反轉的可能，這種情況常稱為頂部放量，後市應看淡。

⑥股價持平，成交量較小。

這種情況稱為無量盤整。它表明多空雙方力量處於均衡狀態，雙方均在等待機會尋找突破方向，後市走向不明，漲跌依靠新的因素來打破平衡。

關於價量分析，技術分析方法還認為：a. 成交量的大小是相對的，主要是相對於最近而言，沒有絕對大小；b. 成交量的變動在價格變動之前，即所謂量在價先，天量之後有天價，地量之後有地價；c. 技術分析方法常用成交金額來代替成交量，這兩者並沒有太大的區別，但市場熱點過分集中在高價股或低價股上時應適當調整；d. 成交價一般是採用收盤價。

8.4 技術指標

8.4.1 技術指標概述

指標分析是技術分析中極為重要的部分。據說各種各樣的技術指標目前已有上千種，這裡只介紹一些目前在中國市場上較為流行的技術指標。

指標分析是指按確定的方法對原始數據進行處理，將處理之後的結果制成圖表，並用制成的圖表對股市進行分析的方法。原始數據指的是開盤價、最高價、最低價、收盤價、成交量和成交金額，有時還包括成交筆數。其餘的數據都不是原始數據。對原始數據進行處理指的是將這些數據的部分或全部進行整理加工，使之成為我們希望得到的東西。不同的處理方法就產生不同的技術指標。產生了技術指標之後，最終都會在圖表上得到體現。

技術指標的應用主要通過以下六個方面進行：①指標的背離；②指標的交叉；③指標的高位和低位；④指標的徘徊；⑤指標的轉折；⑥指標的盲點。指標背離是指指標的指向與股價走向不一致。指標的交叉是指指標中的兩線發生了相交現象，常說的金叉和死叉就屬這類情況。指標的高位和低位是指指標進入超買區和超賣區。指標的徘徊是指指標處在進退都可的狀態，沒有明確的對未來方向的指示。指標的轉折是指指標的圖形發生了調頭，這種調頭有時是一個趨勢的結束和另一個趨勢的開始。指標的盲點是指指標無能為力的時候。

每一個技術指標都是從某一特定方面對股市進行觀察。通過一定的數學公式產生技術指標,這個指標反應股市某一方面的特徵。這些特徵僅僅通過原始數據很難觀測出來。另外,有些基本思想我們已經知道,但只停留在定性階段,沒有進行定量分析。技術指標可以進行定量的分析,這樣使具體操作時的精確度大大提高。例如,我們都知道,價格不斷下跌時,跌多了總有一個反彈的時候或到底的時候,那麼跌到什麼程度,我們就可以買進呢?僅憑定性分析不能回答這個問題,儘管不是完美地解決問題,但至少能在採取行動前從數量方面給我們幫助。

技術指標由於種類繁多,所以考慮的方面很多,人們能夠想到的,幾乎都能在技術指標中得到體現,這一點是別的技術分析方法無法比擬的。在進行技術分析指標的分析和判斷時,也經常用到別的技術分析方法的基本理論。例如,在使用 RSI 等指標時,我們要用到形態分析中的頭肩形、頸線和雙重頂之類的結果等。因此,可以看出全面學習技術分析的各種方法是很重要的。

技術指標是一種分析工具,每種工具都有自己的適用範圍。人們在使用技術指標時,常犯的錯誤是機械地照搬結論,而不問這些結論成立的條件和可能發生的偏差。先是盲目地絕對相信技術指標,出了錯誤以後,又走向另一個極端,認為技術分析一點用也沒有,這種情況只能說是不會使用指標。每種指標都有自己的盲點,也就是指標失效的時候。在實際中應該不斷地總結,並找到盲點所在,這樣就可少犯錯誤。遇到某一技術指標失效,可先把它放置在一邊,去考慮別的技術指標。眾多的技術指標總會有幾個能對我們有所幫助。

8.4.2 技術指標的種類

瞭解各種技術指標是很有必要的,但是,我們不可能考慮到每一個技術指標。各個指標在預測大勢方面有準確程度的區別,通常是以四五個技術指標為主,別的指標為輔。下面我們將詳細介紹幾種技術指標的含義及應用。

首先,我們將介紹一下移動平均數和平滑異同移動平均數。移動平均數和平滑異同移動平均數有一個共同點,都是對收盤價進行移動平均的結果。正是由於兩個指標的產生過程類似,反應的是股價同一方面的內容,所以這兩個指標在內容上有很多相通之處。

8.4.2.1 移動平均數(MA)

(1) 移動平均數的計算。

移動平均數是統計學用以研究事物發展變化趨勢的方法。假設有一反應事物發展變化某一方面特徵的數字:

$$a_0, a_1, a_2, \cdots, a_n$$

假定數列 a_n 存在某種趨勢,上升、下降或上下變動,數列的這個趨勢是受到某種主要因素影響的結果。但一些次要的、偶然的因素也在影響這個數列,使其呈現出不規則變動。我們可用逐項移動平均的辦法消除這些次要的、偶然的變動,使其主要趨勢呈現出來。移動項數常被稱為移動平均數的參數。設移動項是3,則移動平均數為:

$$b_0 = \frac{a_0 + a_1 + a_2}{3}, \quad b_2 = \frac{a_1 + a_2 + a_3}{3}, \quad b_{n-1} = \frac{a_{n-2} + a_{n-1} + a_n}{3}$$

我們也可以把移動平均數的參數設定為 5、10、20 等，分別求 5 日、10 日、20 日移動平均數。如果把這些數值標在坐標系中，聯結這些點得到一條曲線，我們稱這些曲線為 5 日、10 日、20 日移動平均線，記為 MA（5）、MA（10）、MA（20）。

移動平均數有一個缺陷，它把每一個原始數值對移動平均數的影響視為等同的。事實上，計算移動平均數的目的是為了預測未來，越是靠近目前的數值，對未來數值的影響就越大。這樣，在移動平均數的基礎上發展出了平滑移動平均數，其公式為：

$$\text{EMA}(n) = \frac{n-1}{n+1} \times \text{前一日的 EMA}(n) + \frac{2}{n+1} \times \text{當日收盤價} \qquad (8.1)$$

EMA（n）由兩部分構成，前一日的 EMA（n）占（$n-1$）/（$n+1$）的比重，當日的收盤價占 2/（$n+1$）的比重。也可以這樣來理解，EMA（n）是以前一日的 EMA（n）為基礎，用（$n-1$）/（$n+1$）來修正，再加上當日的收盤價，用 2/（$n+1$）來修正。前一日的 EMA（n）反應事物發展變化的主要趨勢，當 n 較大時，（$n-1$）/（$n+1$）表明它在 EMA（n）中占較大比重。當日的收盤價表明事物發展變化的最新趨勢，它對事物的未來變化有較大影響，占 2/（$n+1$）的比重。n 為 EMA（n）的參數。當計算時期很長時，最初的前一日 EMA（n）對當期的 EMA（n）的影響趨近於 0，最初的前一日 EMA（n）的取值無關緊要。

（2）移動平均數的特點。

MA 的基本思想是消除偶然因素的影響，另外還有平均價格的含義。它具有以下幾個特點：

①趨勢性。MA 能夠表示股價的趨勢方向，並追隨這個趨勢。如果從股價的圖表中能夠找出上升或下降趨勢線，那麼，MA 曲線將保持與趨勢線方向一致，能消除股價在這個過程中出現的起伏。

②滯後性。在股價原有趨勢發生反轉時，由於 MA 追蹤趨勢的特性，反應往往較為遲緩，調頭速度落後於大趨勢，這是 MA 的一個弱點。

③真實性。由 MA 的計算方法可知，要較大地改變 MA 的數值比較困難，當天的股價必須有很大變動。因為 MA 的變動不是一天的變動，而是幾天變動的平均數。

④助漲助跌性。當股價突破了 MA 時，無論是向上突破還是向下突破，股價有繼續向突破方向再走一程的願望，這就是 MA 的助漲助跌性。

⑤支撐線和壓力線的特性。由於 MA 的上述四個特性，使得它在股價走勢中起支撐線和壓力線的作用。MA 的被突破，實際上是支撐線和壓力線的被突破。

MA 的參數強化了 MA 的特徵，參數選擇得越大，上述特徵就越顯著。使用 MA 時通常選擇不同的參數，一般包括長期、中期和短期三類 MA。長、中、短是相對的，可以自己確定。在中國，短期一般是指 MA（5），中期是指 MA（10），長期是指 MA（20）。移動平均數指標有快指標和慢指標之分，快慢是相對於收盤價的敏感性而言，對收盤價較敏感的稱為快指標，對收盤價較不敏感的稱為慢指標。而移動平均數的參數越大，對收盤價越不敏感；參數越小，對收盤價越敏感。所以，參數較大的移動平

均數被稱為慢指標，參數較小的移動平均數被稱為快指標。其他技術指標也有類似的區分。

(3) 葛蘭碧法則。

MA 在股價走勢預測中的運用，經典的是葛蘭碧法則。葛蘭碧法則的內容是：

①移動平均線從下降開始走平，股價從下上穿平均線；股價連續上升遠離平均線，突然下跌，但在平均線附近再度上升；股價在平均線以下，並連續暴跌，遠離平均線。以上三種情況均為買入信號（見圖 8.15）。

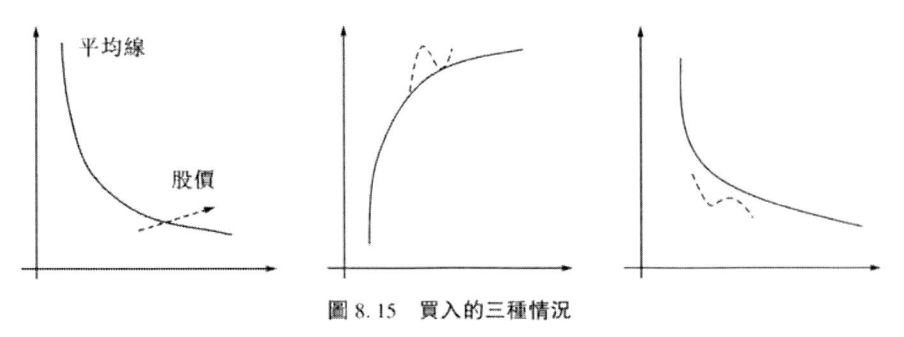

圖 8.15　買入的三種情況

②平均線從上升開始走平，股價從上下穿平均線；股價連續下降遠離平均線，突然上升，但在平均線附近再度下降；股價在平均線之上，並連續暴漲，遠離平均線。以上三種情況均為賣出信號（見圖 8.16）。

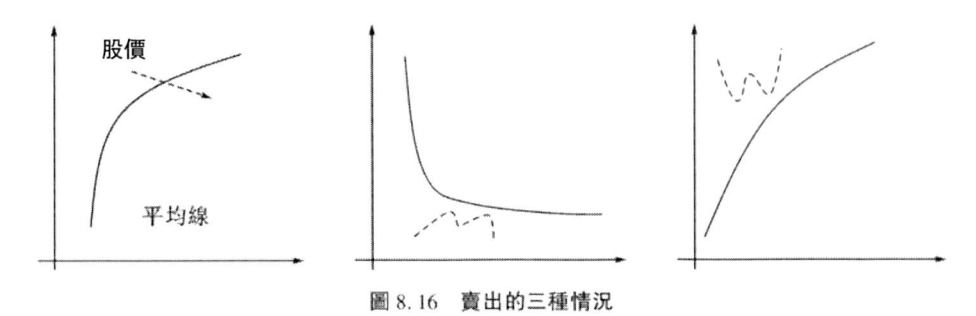

圖 8.16　賣出的三種情況

股價實際上是 1 日的 MA，股價相對於移動平均線實際上是短期 MA 相對於長期 MA。從這個意義上說，如果只有兩個不同參數的 MA，則我們可以將相對短期的 MA 當成股價，將較長期的 MA 當成 MA，這樣，上述股價相對於 MA 的所有法則，都可以換成快速相對於慢速的 MA。常說的死亡交叉和黃金交叉，實際上就是向上、向下突破壓力或支撐的問題。

最後談一下 MA 的盲點。在盤整階段、趨勢形成後的中途休整階段、局部的反彈和回檔，MA 極易發出錯誤的信號，這是使用 MA 應該注意的。MA 是用於反應股價變動的趨勢，只有當股價運動確實存在趨勢時，才能使用這一方法。

8.4.2.2　平滑異同移動平均數（MACD）

（1）MACD 的計算公式。

MACD 由正負差（DIF）和異同平均數（DEA）兩部分組成，DIF 是核心，DEA 是輔助。先介紹 DIF 和 DEA 的計算方法。

DIF 是快速平滑移動平均數與慢速平滑移動平均數之差，DIF 的正負差名稱由此而來。快速和慢速是根據指標平滑時採用參數的大小進行區分，快速是短期的 EMA，慢速是長期的 EMA。快速平滑移動平均數（EMA）是 12 日時，則計算公式為：

$$當日 EMA（12）= \frac{2}{12+1} \times 當日收盤價 + \frac{11}{12+1} \times 昨日 EMA（12） \qquad (8.2)$$

慢速平滑移動平均數（EMA）是 26 日時，計算公式為：

$$當日 EMA（26）= \frac{2}{26+1} \times 當日收盤價 + \frac{25}{26+1} \times 昨日 EMA（26）$$

$$DIF = EMA（12）- EMA（26） \qquad (8.3)$$

DIF 也能進行行情預測，但為了使信號更可靠，我們引入另一個指標 DEA。DEA 是 DIF 的移動平均，也就是連續數日的 DIF 的算術平均。這樣，DEA 自己又有了一個參數，那就是進行算術平均的 DIF 的個數，即天數。對 DIF 作移動平均就像對收盤價作移動平均一樣，是為了消除偶然因素的影響，使結論更可靠。

（2）MACD 的應用法則。

利用 MACD 進行行情預測，主要是從兩個方面進行。

第一，從 DIF 和 DEA 的取值和這兩者之間的相對取值對行情進行預測。①DIF 和 DEA 均為正值時，屬多頭市場。DIF 向上突破 DEA 是買入信號，DIF 向下跌破 DEA 只能認為是回檔，作獲利了結。②DIF 和 DEA 均為負值時，屬空頭市場。DIF 向下突破 DEA 是賣出信號；DIF 向上穿破 DEA 只能認為是反彈，作暫時補空。DIF 的上升和下降，是股價的上升和下降信號。DIF 是正值，說明短期的比長期的平滑移動平均線高，這類似於 5 日線在 10 日線之上，所以是多頭市場。DIF 和 DEA 的關係就如同股價與 MA 的關係一樣。

第二，利用 DIF 的形態進行行情分析，主要是採用指標背離原則。這個原則在技術指標中經常使用，如果 DIF 的走向與股價走向相背離，則此時是採取行動的信號，至於是賣出還是買入要依 DIF 的上升和下降而定。

MACD 的優點是剔除了 MA 頻繁出現的買入賣出信號，使發出信號的要求和限制增加，避免假信號的出現。MACD 的缺點同 MA 一樣，在股市沒有明顯趨勢而進入盤整時，失誤的時候極多。

接下來我們將介紹一下威廉指標和 KD 指標。威廉指標和 KD 指標是股市中極為重要的指標。它們最早起源於期貨市場，引入股票市場後，目前已經成為中國股市廣泛使用的指標之一。

8.4.2.3　威廉指標（WMS%）

這個指標由拉瑞・威廉姆斯（Larry Williams）於 1973 年首創，最初用在期貨市

場。WMS%表示的是市場處於超買還是超賣狀態。

(1) WMS%的計算公式。

$$\text{WMS\%}(N) = \frac{C_N - L_N}{H_N - L_N} \times 100 \qquad (8.4)$$

式中,C_N為當日收盤價,H_N和L_N為N日內的最高價和最低價。

由公式可知,WMS%的參數是天數N。WMS%指標表示的是當日收盤價在N日內所處的相對位置。若$C_N = H_N$,則WMS% = 100,表明收盤價處於最高位置;若$C_N = L_N$,則WMS% = 0,表明收盤價處於最低位置;若$C_N = L_N + \frac{H_N - L_N}{2}$,則WMS% = 50,表明收盤價處於中間位置。威廉指標描繪的狀態如圖8.17所示。

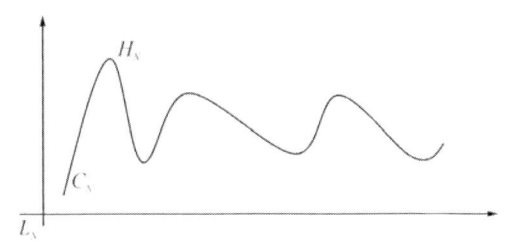

圖8.17 威廉指標描繪的狀態

(2) WMS%的應用。

最高價和最低價隨著時間的推移在不斷變化,這就涉及參數的選擇問題。在WMS%出現的初期,人們認為期貨市場出現一次週期循環大約是4周,那麼取週期的全長或一半,就一定能包含循環的最高和最低點。這樣,WMS%的參數習慣上是取10或20,當然也可以多選擇幾個參數試試。

WMS%的運用包括兩個方面:一是WMS%的數值;二是WMS%曲線的形狀。

WMS%的取值。WMS%的值介於0~100,以50為中軸將其分為上下兩個區域。①當WMS%高於80時,處於超買狀態,行情即將見頂,應當考慮賣出。②當WMS%低於20時處於超賣狀態,行情即將見底,應當考慮買入。80和20只是一個經驗數字,不是絕對的,投資者可以根據各自的風險偏好選擇不同的數值。

WMS%曲線的形狀。①WMS%進入高位後一般要回頭,如果這時股價繼續上升,這就是頂背離,是賣出的信號。②WMS%進入低位後一般要反彈,如果這時股價繼續下跌,這就是底背離,是買進的信號。

8.4.2.4 KD指標

KD指標的中文名稱是隨機指數,是技術分析指標的一種,最早起源於期貨市場。

(1) KD指標的計算公式。

KD指標的計算分為三步,先計算未成熟隨機值RSV(Row Stochastic Value),計算公式為:

$$\text{RSV}(N) = \frac{C_N - L_N}{H_N - L_N} \times 100 \qquad (8.5)$$

從公式可以看出，RSV 實際上就是 WMS%，只是名稱不同。對 RSV（WMS%）進行指數平滑，就得到 K 指標：

$$當日 K 值 = \frac{2}{3} \times 昨日 D 值 + \frac{1}{3} \times 當日 RSV \tag{8.6}$$

式中 1/3 是平滑因子，也可以選擇別的數字，不過目前已經約定俗成。對 K 值進行指數平滑，就得到 D 值：

$$當日 D 值 = \frac{2}{3} \times 昨日 D 值 + \frac{1}{3} \times 當日 K 值 \tag{8.7}$$

KD 指標是在 WMS% 指標基礎上發展起來的，所以 KD 具有 WMS% 的一些特性。在反應股票價格變化時，WMS% 最快，K 其次，D 最慢。在使用 KD 指標時，我們往往稱 K 指標為快指標，D 指標為慢指標。K 指標反應敏捷，但容易出錯；D 指標反應稍慢，但穩重可靠。

（2） KD 指標的應用。

KD 指標是兩條曲線，應用時主要從四個方面進行考慮。

①KD 的數值。

KD 的取值範圍是 0~100，可將其劃分為幾個區域：超買區、超賣區、徘徊區。按一般的劃分法，80 以上為超買區，20 以下為超賣區，其餘為徘徊區。根據這種劃分，KD 超過 80 就應該考慮賣出，低於 20 就應該考慮買入。這種操作很簡單，同時也很容易出錯，完全按照這種方法進行操作很容易遭受損失。大多數對 KD 指標瞭解不深入的投資者，以為 KD 指標的運用僅限於此。

②KD 曲線的形態。

當 KD 指標在較高或較低位置形成了頭肩形和多重頂底時，是採取行動的信號。這些形態一定要在較高位置或較低位置出現，位置越高或越低，結論越可靠。操作時可按形態分析的原則進行。對 KD 曲線也可以畫趨勢線，以明確 KD 的趨勢。在 KD 的曲線圖中仍然可以運用支撐和壓力的概念，某一條支撐線和壓力線的被突破，也是採取行動的信號。

③KD 指標的交叉。

K 與 D 的關係如同股價與 MA 的關係一樣，也有死亡交叉（以下簡稱「死叉」）和黃金交叉（以下簡稱「金叉」）問題，不過這裡交叉的應用很複雜，還附帶很多其他條件。以 K 從下向上與 D 交叉為例，K 上穿 D 是金叉，為買入信號。但出現金叉是否就應該買入，還要看別的條件。第一個條件是金叉的位置，金叉應該是在超賣區的位置，越低越好。第二個條件是金叉的次數，有時在低位，K、D 要來回交叉幾次，交叉的次數以 2 次為最少，越多越好。第三個條件是金叉的方向，即常說的「右側相交」原則，K 是在 D 已經抬頭向上時才同 D 相交，比 D 還在下降時與之相交可靠得多。換句話說，右側相交比左側相交好。滿足了上述條件，買入的風險就少些。但是，如果要求每個條件都滿足，儘管比較安全，但也會錯過很多機會。K 從上向下穿 D 是死叉，也有類似的結論。

④KD 指標的背離。

背離就是指標與價格走勢不一致。當 KD 處在高位，並形成兩個依次向下的峰，而此時股價還在一個勁地上漲，這叫頂背離，是賣出的信號；與之相反，KD 處在低位，並形成一底比一底高，而股價還在繼續下跌，這叫底背離，是買入的信號。

8.4.2.5　相對強弱指標

相對強弱指標（RSI）是股市中常用的技術指標。RSI 以特定時期內股價的變動情況推測價格未來的變動方向，並根據股價漲跌幅度顯示市場的強弱。

（1）RSI 的計算公式。

RSI 的計算公式是：

$$\text{RSI}(N) = \frac{A}{A+B} \times 100 = 100 - \frac{100}{1+RS} \tag{8.8}$$

$$RS = \frac{A}{B}$$

式中，RS 為相對強度；參數 N 為天數，即考慮的時期長度；A 表示 n 天中股價向上波動的幅度大小，而 B 則表示 n 天中股價向下波動的大小。A + B 表示股價在此期間總的波動幅度大小。RSI 的計算只涉及收盤價，並且可以選擇不同的參數，RSI 的取值介於 0~100。

（2）RSI 的應用。

①不同參數的多條 RSI 曲線。

RSI 的參數越大，結論越可靠，但反應速度慢。我們將參數大的 RSI 稱為長期 RSI，將參數小的 RSI 稱為短期 RSI。這樣，兩條不同參數的 RSI 曲線的運用法則可以參照 MA 中兩條 MA 線的法則，即：①短期 RSI>長期 RSI，則屬多頭市場；②短期 RSI<長期 RSI，則屬空頭市場。

②RSI 的取值。

將 100 分成 4 個區域，根據 RSI 的取值落入的區域進行操作。強弱指標保持高於 50 表示為強勢市場，反之低於 50 表示為弱勢市場。強弱指標多在 30~70 波動。當六日指標上升到達 80 時，表示股市已有超買現象，如果一旦繼續上升，超過 90 以上時，則表示已到嚴重超買的警戒區，股價已形成頭部，極可能在短期內反轉回轉。當六日強弱指標下降至 20 時，表示股市有超賣現象，如果一旦繼續下降至 10 以下時則表示已到嚴重超賣區域，股價極可能有止跌回升的機會。每種類型股票的超賣超買值是不同的。在牛市時，通常藍籌股的強弱指數若是 80，便屬超買，若是 30，便屬超賣。至於二、三線股，強弱指數若是 85~90，便屬超買，若是 20~25，便屬超賣。

③RSI 曲線的形狀。

同 KD 指標一樣，當 RSI 在較高或較低的位置形成頭肩頂底形態和多重頂底形態時，是採取行動的信號。這些形態一定要出現在較高位置和較低位置，離 50 越遠，出錯的可能就越小。

④RSI 與股價的背離。

RSI 處於高位，形成一峰比一峰低的兩個峰，而此時股價卻不斷上竄，這叫頂背

離，這是比較強烈的賣出信號。與這種情況相反的是底背離，即 RSI 在低位形成兩個依次上升的谷底，而股價還在下降，這是最後一跌或者說是接近最後一跌，是可以建倉的信號。

⑤極高和極低的 RSI 值。

當 RSI 處在極高和極低位時，可以不考慮別的因素而採取行動。當然，它與 RSI 的參數有關，也與選擇的股票有關。

8.4.2.6 乖離率和心理線

(1) 乖離率（BIAS）。

乖離率是描述股價與移動平均線相對距離的指標。

①乖離率的計算公式為：

$$乖離率(N) = \frac{當日收盤價 - MA(N)}{MA(N)} \times 100\% \tag{8.9}$$

式中，分子為股價（收盤價）與移動平均數的差，可正可負，除以分母後，就是一個相對數。在乖離率的公式中，MA 的參數就是乖離率的參數，乖離率的參數也是 MA 的參數，即是天數。參數大小的選擇首先影響 MA，其次影響乖離率。一般來說，參數選得越大，則允許股價遠離 MA 的程度越大。換句話說，股價遠離 MA 到一定程度，我們會認為該回頭了，而這個遠離的程度隨著參數的變化而變化。

②乖離率的應用法則。

乖離率的原理是離得太遠了就該回頭，因為股價有向心的趨勢，這是由人們的心理因素造成的。乖離度的測試原理是建立在：如果股價偏離移動平均線太遠，不管股價在移動平均線之上或之下，都有可能趨向平均線的這一條原理上。而乖離率則表示股價偏離趨向指標所佔到的百分比值。

BIAS 指標表示收盤價與移動平均線之間的差距。當股價的正乖離擴大到一定極限時，表示短期獲利越大，則能獲利回吐的可能性越高；當股價的負乖離擴大到一定極限時，則空頭回補的可能性越高。

乖離率可分為正乖離率與負乖離率。若股價大於平均線，則為正乖離；股價小於平均線，則為負乖離。當股價與平均線相等時，則乖離率為零。正乖離率越大，表示短期超買越大，則越有可能見頂；負乖離率越大，表示短期超賣越大，則越有可能見底。

股價與 BIAS 指標究竟達到何種程度的百分比才算是買進或賣出時機，不同市場、不同時期、不同週期即不同移動平均線算法所得出的 BIAS 值是不同的。在多頭行情中，會出現許多高價，太早賣出會錯失一段行情，可於先前高價的正乖離率點賣出；在空頭市場時，亦會使負乖離率加大，可於先前低價的負乖離點買進。

6 日 BIAS>+5%，是賣出時機；6 日 BIAS<-5%，為買入時機。12 日 BIAS>+6%是賣出時機；12 日 BIAS<-5.5%，為買入時機。24 日 BIAS>+9%是賣出時機；24 日 BIAS<-8%，為買入時機。

(2) 心理線（PSY）。

心理線主要是從股票投資者的買賣趨向的心理方面，對多空雙方的力量對比進行分析。

①心理線的計算公式。

$$\text{心理線}(N) = \frac{A}{N} \times 100 \tag{8.10}$$

式中，N 為天數，是心理線的參數；A 為 N 天中股價上漲的天數。上漲和下跌的判斷是以收盤價為準。從心理線的公式可以看出，心理線是指近一段時間內，上漲的天數所占的比例。我們簡單地認為上漲是多方的力量，下跌時空方的力量，則心理線以 50 為中心，50 以上是多方市場，50 以下是空方市場，多空雙方力量的對比就這樣被簡單地描述出來了。心理線參數的選擇是人為的，一般選擇參數為 10，參數選得越大，心理線的取值範圍越集中，越平穩；參數選得小，心理線的取值範圍上下波動就大。

②心理線的應用。

心理線 PSY 既可應用於大盤，也可應用於個股。心理線主要反應市場心理的超買或超賣，因此，當心理線 PSY 在 25~75 的常態區域內移動時，為觀望信號，一般不宜採取行動，應持觀望態度。

心理線 PSY 選取的設計參數、條件過於簡單，變數只有漲或跌兩個變數存在，因而對於行情的變化沒有具體數量的反應、表現。心理線 PSY 的計算只以上漲天數為主，股價持平或下跌均不予考慮。根據心理線公式計算出來的數值，超過 75 時為超買，低於 25 時為超賣，但在漲升行情時，可將賣點提高到 75 之上；在下跌行情時，可將買點降低至 15 以下。無論上升行情還是下跌行情展開前，心理線 PSY 通常會出現兩次以上的買點或賣點，有比較充分的時間和機會來進行判斷、決策。概括來說為以下三點：

a. 心理線指標介於 25~75 是合理的變動範圍，這一區間屬於常態分佈；

b. 超過 75 或低於 25 時，就有超買或超賣現象出現。在大多頭、大空頭市場初期可將超買超賣點調至高於 83 和低於 17，直到行情尾聲，再回調至 75 與 25；

c. 當低於 10 時是真正的超賣，反彈的機會相對提高，此時為買進時機。

8.4.2.7　人氣指標和意願指標

人氣指標（AR）和意願指標（BR）都是以分析歷史股價為手段的技術指標，其中人氣指標比較重視開盤價格，從而反應市場買賣的人氣；意願指標則重視收盤價格，反應的是市場買賣意願的程度，兩項指標分別從不同角度對股價波動進行分析，達到追蹤股價未來動向的共同目的。

(1) 人氣指標。

人氣指標是以當天開盤價為基礎，即以當天市價分別比較當天最高、最低價，通過一定時期內開市價在股價中的地位，反應市場買賣人氣。人氣指標以最高價到開盤價的距離表示多方向上的力量，以開盤價到最低價的距離表示空方向下的力量，多空雙方在當日的強弱程度就這樣簡單地被描述出來了。

①人氣指標的計算公式。

多空雙方每天的強弱表示為：

當 $H-O>0$ 時，多方強度 $P_1 = \sum(H-O)$；當 $O-L>0$ 時，空方強度 $P_2 = \sum(O-L)$。

$$人氣指標\ AR(N) = \frac{P_1}{P_2} \times 100 \qquad (8.11)$$

式中，H 為當日的最高價；L 為最低價；O 為開盤價。僅僅包括一天的多空雙方強度可能具有偶然性和片面性。我們在對當前多空力量對比進行研究時，包括的天數應該多一些，選擇的天數就是人氣指標的參數。人氣指標表示 N 天中多空雙方總強度的比值。人氣指標越大表示多方的強度大，人氣指標越小表示空方的強度大。多空雙方強弱的分界線是 100，100 以上多方占優，100 以下空方占優，100 說明多空雙方力量相等。由此可見，人氣指標是利用開盤價與最高價和最低價的相互關係，建立衡量一段時間內多空雙方爭鬥的數量指標，並利用這個指標對股價進行預測。

②人氣指標的應用法則。

a. AR 值以 100 為中心地帶，其 ±20 之間，即 AR 值在 60～120 波動時，屬盤整行情，股價走勢比較平穩，不會出現劇烈波動。

b. AR 值走高時表示行情活躍，人氣旺盛，過高則表示股價進入高價，應選擇時機退出，AR 值的高度沒有具體標準，一般情況下，AR 值上升至 150 以上時，股價隨時可能回檔下跌。

c. AR 值走低時表示人氣衰退，需要充實，過低則暗示股價可能跌入低谷，可考慮伺機介入，一般 AR 值跌至 70 以下時，股價有可能隨時反彈上升。

d. 從 AR 曲線可以看出一段時期的買賣氣勢，並具有先於股價到達峰頂或跌入谷底的功能，觀圖時主要憑藉經驗，以及與其他技術指標配合使用。

e. 應用人氣指標時應該注意：當人氣指標第一次到達該採取行動的區域時，所冒的風險是很大的，技術指標在這個時候極容易出現錯誤。只有等到人氣指標第二次或更多次進入採取行動的區域，才能大大增加取勝的機會。這一點幾乎對每一個技術分析指標都適用。

(2) 買賣意願指標（BR）。

①買賣意願指標的計算公式。

買賣意願指標同人氣指標一樣是反應多空雙方相互較量結果的指標，其基本思想同人氣指標相同，區別是選擇的多空雙方的均衡點不同。人氣指標選擇的是當日開盤價為均衡價位，而買賣意願指標選擇的是前一天的收盤價。選擇收盤價作為均衡點，不僅反應了當天多空雙方交鋒的結果，更為重要的是，還能反應前一天收盤後多空雙方由於隔了一日產生力量積蓄而引起的向上和向下跳空的缺口。從這個意義上講買賣意願指標更全面地反應了股市中的暴漲暴跌。前收盤價和今開盤價是一頭一尾，如果沒有特殊情況，一般來說這兩者應該相差不大。如果一段時間內均未出現大的向上和向下跳空開盤，人氣指標和買賣意願指標應該相差不多。

在買賣意願指標中,多空雙方的理論表示如下:當 $H - YC > 0$ 時,多方強度 $P_1 = \sum (H - YC)$;當 $YC - L > 0$ 時,空方強度 $P_2 = \sum (YC - L)$。

$$買賣意願指標\ BR(N) = \frac{P_1}{P_2} \times 100 \qquad (8.12)$$

式中,H 和 L 分別代表當日最高價和最低價,YC 為昨日收盤價。為了避免偶然性和片面性,我們選擇多空雙方多日的力量對比,選擇的日數就是買賣意願指標的參數。由式中可以看出,買賣意願指標是反應多空雙方 N 日總強度的比值。買賣意願指標越大,則多方力量越強;買賣意願指標越小,則空方力量越大。雙方的分界線是 100,100 以上是多方占優勢,100 以下是空方占優勢。

②買賣意願指標的應用。

BR 指標取值在 100 附近,多空雙方力量相當,誰也不占優勢;BR 指標取值越大,多方優勢越大;BR 指標取值越小,空方優勢越大。具體到數字,當 BR 指標在 70~150 時,股市處在整理階段。70~150 是經驗數字,針對具體情況要進行調整,主要影響因素是參數和股票選擇的不同。一般來說,BR 指標大於 300 時,應注意股價回頭向下;當 BR 指標小於 40 時,應注意股價向上反彈。

技術分析指標種類繁多,對於其他指標在這裡就不進行詳細的介紹。值得注意的是,不同種類之間息息相關,實際運用中要結合兩種及兩種以上的指標進行技術分析更為有效。

9 有效市場假說

有效市場假說（Efficient Market Hypothesis，簡稱 EMH）是現代證券市場理論體系的支柱之一，也是現代金融經濟學的理論基石之一。簡潔明瞭的 EMH 體現了經濟學家們一直夢寐以求的東西，那就是競爭均衡。有效市場假說實際上是亞當·斯密「看不見的手」在金融市場的延伸。許多得到廣泛應用的金融投資理論都建立在有效市場假說的基礎之上，有效市場假說保證了這些金融理論的適用性，因此對有效市場假說的討論相當廣泛。有效市場假說在不斷獲得支持的同時，也引起了各種爭論，這些爭論對有效市場假說的理論基礎提出了質疑，對經典金融學的基石產生了衝擊，金融學界、經濟學界面臨著前所未有的挑戰。本章內容是對有效市場假說理論的一個介紹，為正確把握資本市場特性進行研究、決策、監督、投資活動提供幫助。

9.1 有效市場假說簡介

9.1.1 有效市場假說的產生與發展

近 30 年來，有效市場假說已經成為資本市場研究的基本信條。有效市場假說的含義是資產市場價格已經包含了影響資產基本價值的有關信息。第一篇討論市場有效性問題的著述可追溯到吉布森（1889）。吉布森曾描述過這一假說的大致思想，儘管當時還沒有「有效市場」這一提法。最早描述和檢驗隨機遊走模型的法國數學家、經濟學家巴里亞（1990）。巴里亞認為價格行為的基本原則是「公平遊戲」，投機者的期望利潤應為零。他通過對巴黎股市的研究，提出了有效率市場、股價隨機漫步等思想。但他的論文未能引起學術界的重視。巴里亞之後，關於證券價格行為的研究並沒有得到很大的發展，直到計算機的出現。

20 世紀 50 年代計算機在經濟學中的一個早期運用是分析時間序列數據。研究經濟週期的經濟學家認為跟蹤某些經濟變量的發展可以弄清並預測經濟在繁榮與衰退期發展的特徵。這樣股票市場價格變化自然成為其分析的對象。假定股票價格反應了公司的前景，經濟表現的峰谷交替將在股價中表現出來。莫里斯·肯德爾在 1953 年對這一命題進行了研究分析之後，發現股票價格序列就像在隨機漫步一樣，下一周的價格是前一周的價格加上一個隨機數構成。實際上，肯德爾的結論沃爾金（1934）早已提出過，只是沃爾金的論述缺乏像肯德爾那樣有力的實證研究證據。他們提出的股票價格序列可以用隨機遊走模型很好描述的觀點建立在觀察基礎上，並沒有對這些假設進行

合理的經濟學解釋。在20世紀50年代薩繆爾森發現了巴里亞的論文，大為推崇。1965年，薩繆爾森得出「在股市上賺取和在賭場上贏錢的難度相等」的結論，認同隨機漫步理論。尤金·法瑪是有效市場假說的集大成者，他為該理論的最終形成和完善做出了卓越的貢獻。法瑪（1970）不僅對有關有效市場假說的研究做了系統的總結，還提出了一個完整的理論框架。在此之後，有效市場假說蓬勃發展，其內涵不斷加深、外延不斷擴大，最終成為現代金融經濟學的支柱理論之一。

1970年，法瑪提出有效市場概念。法瑪認為，當證券價格能夠充分地反應投資者可以獲得的信息時，證券市場就是有效市場。在有效市場中，無論選擇何種證券，投資者都只能獲得與投資風險相當的證券收益率。法瑪根據投資者可以獲得的信息種類將有效市場分為三個層次：強式有效市場、半強式有效市場和弱式有效市場。其差異在於各自涉及的信息是不同的，弱式有效市場假說認為在弱式有效的情況下，市場價格已充分反應出所有過去歷史的證券價格信息，包括股票的成交價、成交量、賣空金額、融資金融等；半強式有效市場假說認為價格已充分反應出所有已公開的有關公司營運前景的信息，包括成交價、成交量、盈利資料、盈利預測值、公司管理狀況及其他公開披露的財務信息等，假如投資者能迅速獲得這些信息，股價應迅速做出反應；強式有效市場假說認為價格已充分地反應了所有關於公司營運的信息，這些信息包括已公開的或內部未公開的信息。關於這三個層次，後面將會做出詳細的介紹。

此外，有效市場假說包含以下三個要點：

第一，在市場上的每個人都是理性的經濟人，金融市場上每只股票所代表的各家公司都處於這些理性人的嚴格監視之下，他們每天都在進行基本分析，以公司未來的獲利性來評價公司的股票價格，把未來價值折算成今天的現值，並謹慎地在風險與收益之間進行權衡取捨。

第二，股票的價格反應了這些理性人的供求的平衡，想買的人正好等於想賣的人，即認為股價被高估的人與認為股價被低估的人正好相等，假如有人發現這兩者不等，即存在套利的可能性的話，他們立即會用買進或賣出股票的辦法使股價迅速變動到能夠使二者相等為止。

第三，股票的價格也能充分反應該資產的所有可獲得的信息，即「信息有效」，當信息變動時，股票的價格就一定會隨之變動。一個利好消息或利空消息剛剛傳出時，股票的價格就開始異動，當它已經路人皆知時，股票的價格也已經漲或跌到適當的價位了。

有效市場假說實際上意味著「天下沒有免費的午餐」，世上沒有唾手可得之物。在一個正常的有效率的市場上，每個人都別指望發意外之財，所以我們花時間去看路上是否有錢好撿是不明智的，我們費心去分析股票的價值也是無益的，它白費我們的心思。

當然，有效市場假說只是一種理論假說，實際上，並非每個人總是理性的，也並非在每一時點上都是信息有效的。「這種理論也許並不完全正確」，曼昆說，「但是，有效市場假說作為一種對世界的描述，比你認為的要好得多。」

有效市場假說理論提出後，有人支持，有人反對，許多學者做了大量的實證檢驗。

弱式有效市場的實證檢驗方法主要有兩個：一是利用隨機漫步檢驗驗證股票價格之間的序列相關性；二是對技術分析的交易規則進行檢驗。半強式有效市場的實證檢驗方法主要有殘差分析法、事件研究法。巴菲特、索羅斯等投資大師在國外都是有效市場假說的反對者，投資顧問、基金經理也是有效市場假說的反對者。另外，許多學者發現市場上存在日曆效應、市值規模效應、價格迴歸效應和慣性效應。根據這些效應去投資，可以幫助投資者獲得超額收益率。這說明半強式有效市場是不成立的。事實上，有效市場假說的成立依賴於投資者相信市場並非有效並試圖戰勝它。根據投資者對有效市場假說的判斷，可以把投資策略分為主動和被動。如果投資者認為市場是有效的，可以選擇被動投資策略，指數基金多採取被動策略投資；如果投資者認為市場不是有效的，可以選擇主動投資策略。

20世紀70年代以後有關有效市場假說的研究更加深入和廣泛。法瑪（1991）歸納了20世紀70年代以後90年代以前關於有效市場假說方面的探索，對以前關於有效市場假說的研究工作進行了分類。法瑪將分類做了如下調整：原來第一類弱式檢驗主要研究過去收益率的預測能力，現在則包括與收益率可預測性有關的更廣泛的檢驗。這類檢驗包括用股利報酬率、利率等變量預測收益率。由於有效市場假說與均衡定價理論密不可分，討論可預測性也包括資產定價模型的檢驗和在檢驗中發生的一些異象，如規模效應。此外關於日曆效應，如1月效應，以及關於證券價格波動的研究也包括在其中。第二類半強式檢驗和第三類強式檢驗包括的範圍不變，但建議更換名稱。半強式檢驗改為更普通的名稱，即事件研究，強式檢驗改為更具描述性的名稱——內幕信息檢驗。關於收益率可預測性的討論非常之多，收益率可預測性所隱含的含義也引起了廣泛的爭議。

許多現代金融投資理論，如CAPM、APT等都建立在有效市場假說基礎之上。有效市場假說及建立在其上的理論使得金融經濟學更加豐富和完善，使得這一學科的重要性日益增強，可以說，有效市場假說促進了金融理論的發展。近30年來，金融經濟學發展迅猛，有效市場假說在不斷得到支持的同時，也引起了對有效市場假說的各種爭論。其中比較著名的爭論如異象的發現，直接發展成為較為系統的行為金融學理論，關於市場非線性的探討也推動了混沌非線性動力學、複雜性理論等的進一步發展。這些理論的不斷完善對有效市場假說的理論基石提出了質疑，對整個現代金融學的基礎產生了衝擊，金融學界、經濟學界面臨著前所未有的挑戰。這種對於金融經濟學基礎的重新審視不僅對於經濟學家有著重要影響，而且對於決策者、管理者、生產者和投資者都有著巨大的現實意義。

9.1.2 有效市場假說的含義

9.1.2.1 有效市場假說

「有效」這個詞用途廣泛，在經濟學中有多種相關但又不同的含義。在新古典均衡理論中，有效是指「帕累托有效」。而在金融經濟學中有效的含義卻不同，對此，許多經濟學家都有不同的闡述。弗雷德里克認為，「有效市場理論是以以下假設為出發點，即金融市場上各種證券價格完全反應了所有可得的信息」，「自由市場制度的核心，是

價格能夠準確地反應稀缺資源在無限制的、不同選擇和競爭性用途中有效配置所必需的全部信息」。規範而言，若證券價格並不因為向所有證券交易參與者公開信息集 Z 而受到影響，那麼，就說該市場對信息集 Z 是有效的。對信息集 Z 有效，意味著以 Z 為基礎的證券交易不可能獲取經濟利潤。以上的描述或定義，均沒有表達為一種正式的數學結果。這種描述旨在捕捉一種「直覺」，即單個交易者分析他們所能獲得的信息，根據信息和自身的狀況決定持有資產的狀況。資本市場將分散的信息加總，從這個意義上說，市場反應了所獲得的信息。

9.1.2.2 有效市場的三個層次

法瑪根據用於決策的信息類型不同，對有效市場做了三種形式的劃分，即弱式有效市場、半強式有效市場、強式有效市場。

弱式有效市場假說（Weak Form of Efficient Market Hypothesis）認為在弱式有效的情況下，市場價格已充分反應出所有過去歷史的證券價格信息，包括股票的成交價、成交量、賣空金額、融資金融等。這個假設的含義是，如果弱式有效市場假說成立，則股票價格的技術分析失去作用，基本分析還可能幫助投資者獲得超額利潤。

半強式有效市場假說（Semi-Strong Form Market Efficienty）認為價格已充分反應出所有已公開的有關公司營運前景的信息。這些信息有成交價、成交量、盈利資料、盈利預測值、公司管理狀況及其他公開披露的財務信息等。假如投資者能迅速獲得這些信息，股價應迅速做出反應。如果半強式有效假說成立，則在市場中利用技術分析和基本分析都失去作用，內幕消息可能獲得超額利潤。

強式有效市場假說（Strong Form of Efficiency Market Hypothesis）認為價格已充分地反應了所有關於公司營運的信息，這些信息包括已公開的或內部未公開的信息。在強式有效市場中，沒有任何方法能幫助投資者獲得超額利潤，即使基金和有內幕消息者也一樣。

可以看出，有效市場的三種形式是密切關聯的，因為信息集的範疇是嵌套的。如果弱式有效市場不存在，則半強式有效市場和強式有效市場更不會存在；反之，如果強式有效市場不存在，並不意味著弱式和半強式有效市場也不存在。有效市場三種形式的劃分有重要的意義，它能使人們運用不同類型的信息對有效市場進行經驗上的檢驗。

因此，在對有效市場進行檢驗時，先檢驗弱式有效是否成立；若成立，再檢驗半強式是否有效；再成立，最後檢驗強式有效是否成立。順序不可顛倒。

9.1.2.3 技術分析

技術分析是通過對市場過去和現在的行為，運用一系列方法進行歸納和總結，概括出一些典型的行為，並據此預測證券市場的未來變化。

技術分析本質上是尋找股價的起伏週期和預測模式。儘管技術分析家承認關於公司未來前景信息的價值，但他們相信這樣的信息對構造成功的交易策略而言是不必要的。因為假如股價的反應足夠慢，不管股價變動的原因是什麼，分析家都能確定一個能在調整期內被利用的方向。成功的技術分析關鍵是：股價對基本供求因素反應遲鈍。

當然這個前提條件與市場有效性的觀點相違背。

技術分析家有時也被稱為股市圖表專家，他們研究記錄和繪製過去股價信息的表格，希望能找出可用來構造盈利的投資組合的模式。作為技術分析的一個例子，股市圖表專家現在考察相對強勢的方法，用近期股票的業績與市場同行業其他股票的業績進行比較。相對強勢法的一個簡單的例子就是股價與某一市場指數（比如標準普爾500）的比率，如果該比率在一段時間內上升，就表明該股票顯示了相對強勢，因為其價格表現要比其他大部分市場股票要好。這樣的強勢大概會持續一段足夠長的時間以提高獲利機會。在技術分析中最常見的組成部分之一就是阻力水平和支持水平的概念，這些數值是指價格很難超越或不太可能低於的水平，一般認為它們是由市場心理所決定的。

有效市場假說意味著技術分析完全無用。價格和交易量的歷史數據是花費最少的歷史信息。因此，從分析過去股票價格獲得的信息已經在股價中得到反應。當投資者爭相使用股票價格歷史信息時，股價必然會被推向使期望收益率與風險恰好相抵的水平，在那個水平上沒人能獲得超額收益。

讓人覺得有趣的是，技術分析規則一旦被廣泛認可是否還繼續適用。一個明智的分析家可能偶然發現一個獲利交易規則，對有效市場的檢驗則變成一旦這一規則的價值被揭示出來，該規則的價值本身是否就已經被反應在股價中。一旦一條有效的技術規則（或價格模式）被發現，當大量投資者試著去利用它，它將會變得無效。在這個意義上，價格模式應該是自我消亡的。

市場動力來自於對盈利的交易規則的不斷搜尋，之後又由於濫用這些曾經成功的規則而自我消亡，再之後就是對未知規律進行進一步的探尋。

9.1.2.4 基本面分析

基本面分析是利用公司的盈利、股利前景、未來利率的預期以及公司的風險評估來決定適當的股票價格。最終，它表達了一種股東將獲得的每股收益的貼現值的意圖。如果該價值超過了股價，基本面分析家將推薦購買該股票。

基本面分析通常首先從對公司以往盈利進行研究和公司資產負債表的考察開始。他們為分析提供了更為詳盡的經濟分析，通常包括對公司管理素質、公司在行業內的地位以及該行業前景的整體評估。其希望是獲得尚未被市場其他人認識到的公司的未來的表現。

有效市場假說將再次預測，大部分基本面分析也註定是要失敗的。如果分析家依靠那些公開的利潤和行業信息資料，那麼其公司對於公司前景的評估不太可能比其他競爭者精確多少。許多消息靈通、財力雄厚的公司進行市場研究、在這樣的競爭之下，發掘數據不像其他研究一樣簡單。只有那些獨具慧眼的分析家才會得到回報。

基本面分析相比於簡單地確定良好運行的公司的前景要難得多。當市場中其他人也知道哪些公司的前景好時，會發現這一點對於投資者來說本身是無意義的。如果信息已經被公開，投資者將要為購買該公司的股票付出高額的代價，因此無法獲得較高的收益率。

這就是為什麼基本面分析很困難。僅僅分析公司的好壞是不夠的，因為秘訣不在於確定公司是否營運良好，而在於找出相對於其他人預期來說要好的公司。類似地，經營慘淡的公司也可能成為搶手貨，只要它不像其他公司股票所暗示的那麼差就好了。只有你的分析結果比你的競爭對手好才能賺取更多利潤，因為市場價格已經反應了所有的公開信息。

基本面分析有兩項基本任務：一項任務是評估證券的內在價值，其作用在於為判斷證券市場價格的高低確立一個參照標準；另一個主要任務就是因素分析，它是試圖通過對與證券價格存在邏輯聯繫的各種因素的分析，探索證券價格決定及其變動的內在原因，並在此基礎上對證券價格的走勢進行判斷。

基本面分析的優點主要是能夠比較全面地把握證券價格的基本走勢，應用起來也相對簡單。缺點主要是預測的時間跨度相對較長，對短線投資者的指導作用比較弱；同時，預測的精確度相對較低、且難度較大。

9.1.3 有效市場假說的檢驗

（1）弱有效市場檢驗。

有效市場的早期檢驗是對弱有效市場的檢驗。對弱有效市場的檢驗分為對短期收益和長期收益的檢驗。

①短期收益。

辨別股票價格趨勢的一種方法是通過測度股票市場收益率的序列相關性。序列相關表示股票收益與過去收益相關的趨勢。正序列相關意味著正收益傾向於跟隨過去的正收益（動量性）。負序列相關表示正收益傾向於被負收益跟隨（反向和糾正性）。康拉德等人考察了紐約證券交易所（New York Stock Exchange，簡稱 NYSE）的股票的周收益並發現了短期內的正序列相關。然而，周收益的相關係數都相當小，因此，儘管這些研究證明了短期內有弱的價格趨勢，但證據並沒有清晰地表明有交易機會的存在。

通過對中期（3~12 個月）股票價格行為的研究，Jegadeesh 和 Lehmann 發現了中期收益的動量效應，即中期內無論業績好壞都將持續下去。儘管單個股票的業績是難以預測的，但由表現最好的股票組成的投資組合比其他存在獲利機會的股票業績要好。因此，實證表明，在短期至中期內，價格動量存在於這個市場中，也存在於跨部門的市場裡。

②長期收益。

長期收益的檢驗發現，在整個市場中明顯存在著負長期序列相關的情況。這一結果已經成為一種「假說」，認為股票市場對相關信息反應過度，這樣的反應過度將會導致短期內正序列相關。隨後對過度反應的糾正又引起了壞業績跟隨好業績的情況，反之亦然。糾正意味著在一段正收益過後跟隨著的是負收益，結果股票市場長期收益就出現負序列相關。在糾正之後發生的這種明顯過度使股價呈現圍繞著公平價值波動這一特點。

除了顯示整個股票市場長期收益過度反應之外，許多其他研究表明，在長期收益中一些特別的證券的極端表現呈現反向的趨勢：在過去表現最好的股票在隨後時期內

的業績要比其他證券的業績差，而在過去業績表現較差的股票也將在未來超出平均收益水平。

總之，整個市場和部分市場在價格行為當中都存在著短期動量和長期反向形式。這種形式的一種解釋是短期過度反應（這引起價格動量）可能會導致長期反向。

（2）半強式有效市場檢驗。

檢驗證券價格對公開發布信息的反應速度，信息集是所有公開的信息，如年度收益公告、股票分割等。若該假設成立，則說明投資者不僅無法從歷史信息中獲取超額利潤，而且也無法通過分析當前的公開信息獲得超額利潤。經濟學家一般運用的是事件研究法。事件通常指公司公開發布信息、公司某些特定行為（如發放股利）或者政府行為（如有關法律的修正）。事件研究以一至數天為時間窗口長度，以這段時間的累計股票收益率和年度（季度）會計指標為觀測值，旨在確定該事件是否引起投資者對企業未來現金流量的期望值的改變，從而引起顯著的股價變動。

（3）強式有效市場檢驗。

研究是否有投資者或投資機構組織具有與價格形成有關的信息的壟斷力量，信息集還包括沒有完全反應在市場價格上的內幕信息。若該假設成立，則說明投資者即使擁有內幕消息也無法獲得超額利潤。強式檢驗研究的對象是專業投資者或內幕人士的收益率。如果能發現某一專業投資者具有重複的卓越表現，則表明他具有預測能力，而他的研究成果，即所掌握的信息也就沒有為市場價格所吸收。對內幕交易的研究，現已成為金融經濟學、政治經濟學和法學研究的重要課題之一，這方面的研究在國外已經有了相當大的發展。

9.2 市場異象研究

基本面分析比技術分析利用了更為廣泛的信息來構建投資組合。基本面分析有效性的調查要求瞭解是否能夠利用證券交易歷史外的可得到的公開信息來提高投資業績，因此來衡量半強式有效市場假說。令人驚奇的是，一些簡單的容易獲得的統計量，如股票市盈率或市場資本化比率似乎能夠預測異常風險調整收益，但這類發現很難符合市場有效假說，因此被稱為有效市場異象。

市場異常現象包括四種：①日曆效應。被人們注意到的日曆效應有「1月效應」和「周末效應」。「1月效應」指的是每年1月份股票收益率會顯著地高，「周末效應」指的是從星期五到星期一閉市期間股票收益率是負的。②小公司效應。本茲（1981）從1936—1975年美國股票數據中發現小廠商（按市值計）平均來說比大廠商具有更高的經風險調整之後（依CAPM）的收益率；而且，此收益率與廠商規模是非線性關係，即小廠商效應主要發生在很小的一類廠商中。③超常易變性。席勒（1981）等人對收益率易變性（如統計方差）進行了測試。席勒從S&P類股票1871—1979年數據中發現，按與有效市場假說一致的未來收入流（股息）貼現值（席勒稱之為有效市場模型）的標準，股票價格變動劇烈，或者說呈現了超常易變性。超常易變性可能提供短

期的套利機會。顯然，超常易變性與有效市場假設不符，它表明股價變化超出了可由有關因素所能解釋的範圍。④反轉和慣性。與以上因子分析不同，反轉和慣性著眼於收益率隨時間的演化。德龐（1985）和索勒（1987）發現了股票價格長期反轉現象，即過去長期賺取的股票組合在隨後的 3~5 年表現平均來說比過去長期虧錢的股票組合差。隨後，Jegadeesh（1990）發現了月時間尺度上的價格反轉，萊曼（1990）發現了周時間尺度上的價格反轉。價格反轉有時也被稱為均值回覆，這種叫法隱含價格變動存在均衡趨勢。與長期價格反轉相對照的是，Jegadeesh 和 Titman（1993）發現了中期收益率慣性現象，即過去 3~12 個月賺取的股票組合在隨後的 3~12 個月平均來說仍然表現得比過去虧錢的股票組合好。顯然，反轉和慣性是不同時間尺度上的收益率動態行為，對此現象，不同的學者有不同的解釋。德龐和索勒認為價格反轉源於交易者的過度反應，Chan（1996）則認為慣性的收益率持續是因為交易者反應不足。我們可以認為，反應過度和反應不足看起來是矛盾的，但它們其實是不同時間尺度上的行為。另外，Lee 和 Bhaskaran（1999）把股票交易量（流動性）與慣性、反轉結合起來考察，發現賺錢的低交易量股票組合和虧錢的高交易量股票組合顯示更強的價格慣性；賺錢的高交易量股票組合和虧錢的低交易量股票組合呈現更快的價格反轉。他們也發現低交易量股票總體來說比高交易量股票表現要好，但他們並不認同流行的流動性解釋，而認為是因為低交易量股票的價值被低估，使其呈現價值股票的特徵。

9.2.1　1 月效應

根據對 1904—1974 年美國證券交易所這 70 年的數據研究，一月份的股票月平均收益率為 3.48%，而其他 11 個月的股票月均收益率僅為 0.42%，1 月份的收益率比其他月份高出了驚人的 3.06%。對日本東京證券交易所的數據研究也同樣得出了這個結論：

對於 1 月效應的解釋，有以下四個版本：

（1）稅務效應。

在美國的稅法是這樣的：如果投資獲得盈利是需要繳稅的，這個稅項就是「資本增值稅」。如果賣出股票的價格比買入價高，那麼所賺取的利潤便要繳稅。但這稅項是對稱的，如果賣出股票的價格比購入價低，投資便出現虧損。而原則上，這些虧損是可以扣稅的。股票投資的賺蝕稅務效應，不是計帳面的，而是根據實質的買賣。如果持有股票是帳面虧損的，原則上不能扣稅。要把股票在市場上沽出，把帳面虧損變成實際虧損，才能獲得稅務寬免。而美國報稅的截止日在每年 12 月月尾，因此如要獲得扣稅，便要在年尾之前把帳面虧損股份沽出。為了降低所繳納的稅款，不少投資者都會在 12 月前沽出帳面虧損股份，形成了 12 月的市況偏淡。但到了翌年 1 月，一切都重新開始，投資者會重新投入市場，把 12 月套現的資金重新投放股市之中，買入心儀的股份，繼而帶動股市上升。而這個由稅務因素帶動股票上升的效應，叫作稅務效應。

（2）粉飾櫥窗。

基金多在 12 月做年結，製作年報在年初寄給基金持有人，而基金年報之中會有一項十大持股的列表，告訴基金持有人，基金所持有的股份是什麼，讓基金客戶知道基金的投資策略。既然要披露有關持股量，所持有的股份要盡量富有吸引力，例如一些

穩健的藍籌股份便符合要求。但問題是藍籌股的回報較低，因為風險同樣低，可能會令基金表現得沒有那麼具有吸引力，所以折中的辦法就是在年初之時，購入一些二、三線上市公司，借著它們來提升基金回報，然後在年結之前，把這些股份沽出，換入藍籌股份，使得基金持股列表更加好看。結果是每逢年尾之時，一些一線以下的股份股價下跌，反而大藍股股價有支持。當踏入翌年1月，基金已完成了年報工作，新的一年又要重新爭取表現，於是重新吸納股份，帶動股市上升，形成1月效應。

（3）年終花紅效應。

傳統西方派發花紅日期，多在12月月尾、1月初。人們把花紅或雙糧投入股市的時間多在1月，因而帶動股市出現1月效應。

（4）季節原因。

12月出現多個重要假期，在美國有感恩節、聖誕節及新年年假，而基金經理多在12月休假。在1月放假歸來，重新投入工作之時，往往會重新部署投資，購入股份，繼而帶動1月股市上升。

上述種種，就是引發1月效應的不同原因。

當然對於中國的股市來說，各項假設未必完全成立的，例如在香港地區，投資股票失利是不能扣稅的，所以香港地區便沒有稅務效應。而年終花紅的發放，中國多在農曆新年前後，亦即2月左右，因此中國股市的1月效應可能因此而受影響。中國的一些學者也以中國的數據進行了實證研究，結果表明，中國股市的「1月效應」由於春節的緣故被挪到了2月或3月。

9.2.2 周末效應

對紐約證券交易所的日投資回報率的統計研究表明，周一的平均回報率比其他交易日要低得多，更確切地說，周一的平均回報率為負值，而其他交易日則為正值。而對東京證券交易所的實證研究也同樣驗證了周末效應的存在。

對於中國股市是否存在周末效應，張思奇、冉華認為中國股市存在「星期五效應」。他們認為投資者不考慮行情漲跌、心情好壞、天氣變化以及各種政策信息，只要不斷在星期四下午收盤時買進股票，第二天即星期五收盤時賣出股票，其他時間自行安排，最後一樣能稱為中國的「股神」——投資風險只要市場平均水平的80%，而享受一般投資者收益水平4.8倍的回報率。同時星期五效應穩定存在，無論是熊市還是牛市，無論宏觀經濟是高速發展還是陷入低迷，星期五效應都擁有難以讓人置信的回報率。市場回報率過於集中在星期五，說明股票市場依賴於某種制度性或政策性收益。股票市場主要交易收益率集中在星期五，這顯然不是投資者主觀選擇的結果，而只能是存在某種制度或政策，使投資者發現在星期五能夠獲得豐厚回報。投資者認為星期五效應說明市場是非有效市場，市場制度存在明顯缺陷。星期五效應對於任何投資者來講都一樣，而且不需要特別的輔助條件。任何證券市場，如果明顯存在這種機會，使一般投資者都可以得到異常的超額收益，那麼這個市場一定是非有效的，市場制度必定存在明顯缺陷。

9.2.3 小公司效應

小公司效應是指市場價值總額小的上市公司股票平均收益率明顯大於市場價值大的上市公司。Banz（1981）發現股票市值隨著公司規模的增大而減少的趨勢。同一年，Reimganum（1981）也發現了公司規模最小的普通股票的平均收益率要比根據 CAPM 模型預測的理論收益率高，且小公司效應大部分集中在 1 月份。由於公司的規模和 1 月份的到來都是市場已知信息，這一現象明顯地違反了有效市場假設。Siegl（1998）的研究發現，平均而言，小盤股比大盤股的年收益率高出 4.7%，而且小公司效應大部分集中在 1 月份。由於公司的規模和 1 月份的到來都是市場已知信息，這一現象明顯地違反了半強式有效市場假說。Lakonishok 等（1994）的研究發現，高市淨盈率的股票風險更大，在大盤下跌和經濟衰退時，業績特別差。市盈率與收益率的反向關係對 EMH 形成嚴峻的挑戰，因為這時已知的信息對於收益率有明顯的預測作用。

小公司效應實際上是 20 世紀 70 年代後期對 CAPM 的非常規性研究之一，非常規性從某種意義上說是公司特徵。按照 CAPM 模型：

$$E(r_t) = r_f + \beta_t [E(r_m) - r_f] \tag{9.1}$$

β 完全刻畫了截面層上的預期超額收益的波動。小公司效應本質上是小公司所獲得的超額收益不能用 CAMP 中的 β 系數解釋的部分。對於小公司效應的現象，有以下三種解釋：

（1）統計數據偏差。

Roll（1981）認為與等權計算的股票指數（E）相比較，以市值為權數加權平均計算的標準普爾 500 指數（S）更偏重於大公司，換言之，前者的某些特徵更接近小公司組合的收益率，因而他認為比較兩種指數有助於研究產生規模效應的真實原因。在比較 1962—1977 年不同時間跨度的 E 和 S 後發現，在所有的持有期下 E 更高，比 S 平均每年高出 12%，且方差更大。雖然日收益率下兩種指數的 Beta 和方差幾乎相同，但隨著持有期的延長——由日、周等漸變為半年收益率數據——E 的最小二乘 β 和方差急遽增大。這表明短期數據會低估小公司的風險而誇大其收益狀況。Roll 認為小公司股票交易不頻繁，使得日收益率存在較長的滯後影響，由此帶來了數據的自相關性，導致 Beta 估計偏低。同時，Roll 還使用 Dimson（1979）提出的方法估計 β 值，結果規模效應有所減弱。

但是 Reingnum（1982）則認為這不足以解釋全部的小公司超額收益。Reingnum 發現，用 Dimson 提出的方法估計 β 值，得到小公司和大公司 β 值之差約為 0.7，它們的平均收益率相差 36%，而市場期望收益將比無風險（0 - β）收益高 50%（36%/0.7），顯然這是不可能的。因而 Reingnum 認為用小公司風險被低估來解釋小公司效應的理由並不充分。

此外，Roll 在另一篇文章中提到市場基準組合選擇若不是事前均方差有效也會導致 β 估計偏低。後來 Booth 和 Smith（1985）用 Frisch（1934）提出的直接和倒置迴歸法來檢驗由基準和不同時交易對 β 估計的影響。Frisch 用 β^D（直接迴歸下計算的 β）和倒置迴歸下計算的 β 作為估計真實 β 的上下界，來解決變量誤差問題。

$$\beta^D = \frac{\sigma(R_p, R_m)}{\sigma(R_m, R_m)} = \frac{\sigma(r_p, r_m)}{\sigma(r_m, r_m) + \sigma(v, v)} \qquad (9.2)$$

$$\beta^R = \frac{\sigma(R_p, R_p)}{\sigma(R_p, R_m)} = \frac{\sigma(r_p, r_p) + \sigma(v, v)}{\sigma(r_p, r_m)} \qquad (9.3)$$

其中，$R_p = r_p + v$ 和 $R_m = r + v$ 分別代表組合與市場的估計收益率，並由各自的真實收益率加上殘差得到。σ 表示協方差。

通過公式 $R_p - R_f = \alpha + \beta(R_m - R_f)$ 可得到 α^D 和 α^R，兩者共同確定真實 α 的估計區間。截距項 α 代表風險調整後的超額收益，因而若不存在規模效應，真實 α 為 0。Booth 和 Smith 發現基準率和不同時交易的存在雖然放鬆了估計區間 [即 $\sigma(r_m, v)$ 和 $\sigma(r_p, v)$ 不為 0]，但兩個 α 均為正。也就是說基準率和不同時交易所產生的有偏估計並不能解釋這種異常收益。

如果規模效應不是，至少不完全是由統計數據偏差造成的，那麼金融市場上很可能存在某些因素。這些因素要麼使 β 估計偏低，要麼是 CAPM 所不能反應的風險，從而使 CAPM 失效。以下從廣義交易成本和風險溢價兩個角度闡述一些學者對規模效應的解釋。

（2）交易成本。

這裡的交易成本指的是做市商在交易時所發生的成本。按照 Kim 和 Ismail（1990）的定義，廣義交易成本分為直接和間接兩類。直接成本包括做市商提供交易服務所產生的經紀費和出價與要價的差額。間接成本包括與交易活動相關的信息搜尋和投資組合管理所產生的費用。

出價與要價的差額（以下簡稱為出要差價）是做市商彌補市場的買賣雙方在交易上不同步而要求的費用。要價包含了交易者為了能夠立即買入而支付的溢價，出價包含立即賣出的溢價。因而 Amihud 和 Mendelson（1986）認為出價與要價的差額可以看作是，由於提供流動性和立即交易的可能，做市商所要求的費用。更進一步，他們把出要差價看作反應市場稀薄（即成交量較少）程度的指標，與成交量、股票持有人數、做市商數目以及股價變動的連續性等市場流動性指標負相關。而且，不論是總收益還是扣除交易成本後的淨收益都是出要差價的遞增且凹的函數。他們用三個模型檢驗 β、出要差價和收益率之間的關係。①CAPM 模型檢驗驗證了 β 和收益間顯著相關。②在 CAPM 中加入一個流動性變量：出要差價的對數。結果出要差價解釋力更強。③收益率僅對出要差價的對數迴歸，結果顯著性（t）達到 6.16，甚至高於 CAPM 中相應的 t 值。所以他們認為出要差價和收益率間顯著的正相關關係可以解釋小公司效應，因為小公司成交量少，其流動性更差。

Stoll 和 Whaley（1983）的發現也支持該結果，他們考察了紐約證券交易所的股票。在控製出價與要價的差額和佣金變量影響後，規模效應只出現在三個月，一年持有期下的組合的超額收益不顯著。關於流動性效應解釋，Amihud（2002）後來認為這種流動性溢價不僅來自小公司股票本身的特徵，還可能反應小公司股票的流動性對市場不流動性的敏感度。Amihud 考察 1964—1997 年的紐約證券交易所的股票，認為市場流動性會影響股票預期收益。具體而言，預期的市場不流動性將提高股票的預期超額收益；

未被預期到的市場不流動性將降低當時的股票收益率。並且，這種不流動性效應對於小公司股票更強。

(3) 風險溢價。

許多學者認為金融市場存在著影響投資者預期收益率的非系統風險，從而產生風險溢價。規模效應就是這種風險溢價的反應。風險溢價的解釋主要包括忽略效應、最小股價變動效應和公司基本面風險。

①忽略效應。

小公司容易被股票市場的操縱力量即機構投資者所忽略。機構投資者通常只關注大公司，而較少研究小公司，所以市場參與者對於小公司的生產、管理及市場銷售等情況的瞭解存在信息不完全性。瞭解其信息越少，風險也就越大。Arbel，Carvell 和 Strebel（1983）認為機構投資者受到內外兩方面的約束：一方面實行謹慎的投資策略，另一方面要滿足證監會在信息披露（持有5%以上股份的投資人須上報）和流動性等方面的要求，因而較少投資於小市值公司股票，這使得市場上對小公司股票的研究稀少，相關信息缺乏，這種信息缺乏使投資小公司股票的風險更大，因而需要更高的收益率來補償。他們以機構持有度為標準，把公司分為高度持有、適度持有和忽視三種類型，再按規模大小分為3個層次，從而得到9個股票組合。分別研究這些組合的收益率、風險大小（市場風險和由收益率方差表示的總風險）、超額收益和基金業績指數（夏普比率和特雷諾指數）隨機構持有度和規模變化的變動情況，發現即使控製規模變量，低機構持有度意味著更高的期望收益率。而規模效應在控製了機構持有度後消失了，認為規模效應實際上是一種忽略效應的反應。

Barry 和 Brown（1984）認為小公司的信息較少，增加了小公司股票價格參數估計的風險，從而產生風險溢價。他們將公司的掛牌上市交易時間作為信息可得性的測算指標，分析了 β、公司規模和上市時間因素，以及這些因素間的相互關係，發現1926—1980 年的 NYSE 的股票存在上市時間效應。與小公司效應不同，上市時間效應沒有一月季節性。他們還發現公司規模與上市時間的相關關係要強於規模效應本身。

②最小股價變動效應。

不同於 Barry 和 Brown，Kross（1985）提出另一種股票價格參數估計風險。就收益率分別與公司市場價值（MV、代表規模變量）和股利收益率（E/P）高度相關的現象，Kross 認為股價效應才是主要原因。

③基本面風險。

20世紀90年代後很多學者將注意力轉向公司基本面分析，即其本身的經營特點來解釋規模效應。尤其是當 Dimson 和 Marsh（1999）發現反小公司效應後，經營風險的解釋顯得更有說服力。

Chan 和 Chen（1991）研究了不同規模公司結構特徵上的差異，認為這是導致不同規模公司在同一經濟情況下收益率差異的原因。發現小公司投資組合中有相當部分為邊際企業，而邊際企業生產效率低和槓桿比率高、經營不佳，因而對經濟情況變動極為敏感，風險也更大。所以小公司的超額收益實質是對邊際企業更高投資風險的補償。他們構造了兩個1956—1985 年邊際企業收益時間序列指數：DIV 和 IEV。由於 DIV 和

IEV 都剔除了表現良好的小公司的因素，因而較好地反應了邊際企業收益狀況。結果表明，經營狀況所產生的風險因素對收益率具有同樣的解釋力。

Fama 和 French（1992）從 β 對收益的解釋能力的角度證明小公司的超額收益是風險溢價。他們考察了 1982—1989 年紐約證券交易所、美國證券交易所和納斯達克的股票，先按規模大小構造證券組合，發現組合的值與收益正相關，又與規模高度相關。再按事前值的排序進一步細分這些組合，即剔除規模因素的影響，發現收益率與規模顯著相關，而與 β 無關。因此他們認為 β 並不能解釋截面股票收益表現，而公司規模和帳面市值比（BE/ME）相結合可以解釋樣本期內槓桿率和 E/P 率對收益率的影響，因而在資本市場理性定價的前提假設下，公司規模和帳面市值比可以反應股票的全部風險。在分析規模對收益率具有解釋力的原因時，Fama 同意 Chan 和 Chen 的觀點，認為公司規模和帳面市值比實質上體現了收益與基本面風險之間的關係。低價股票的未來收益對經濟情況變動更為敏感，收益前景不佳，因而投資者要求更高的回報以補償風險。

Dimson 和 Marsh（1999）認為市場異象順應墨菲法則，即凡有可能出差錯的事終將出差錯，也就是說，小公司的超額收益終將走向反向。他們考察了 1955—1997 年英國小公司的收益表現（指數 HGSC），並與同期美國市場做了比較，發現英國的小公司在 1955—1986 年的收益超過大公司達 6 倍，而在 1989—1997 年卻以幾乎相同的幅度遜於大公司。1987—1988 年伴隨著市場對小公司效應的關注，一大批以投資小公司為投資策略的基金公司成立，這段所謂的成立時期（launch time）恰是小公司超額收益的轉折期。同時，他們還發現 1988 年也恰是小公司股利增長率開始低於大公司並趨於負增長的時期。

他們認為小公司收益的逆轉也是一種小公司效應，其原因並非市場投資情緒或是風險溢價，而是公司基本面因素使然：小公司的行業結構和以相對股利增長為衡量指標的公司業績表現。由於規模經濟等因素，小公司集中於某些領域，而在過去十年中這些領域不景氣。同時，技術因素和市場力量也都有利於大公司的發展，從而產生了大公司溢價。所以，大公司的表現超出投資者預期導致小公司的超額收益消失並發生逆轉，而小公司效應仍然存在，只是以負的超額收益形式表現出來。Kim 和 Burnie（2002）用 Alpha、殘差和迴歸檢驗方法檢驗了 1976—1995 年 Compustat 的股票數據，證明小公司效應在經濟擴張期顯著，而在收縮期消失。因為相對於大公司，小公司的資產收益率更低，而槓桿比率更高，所以小公司更易受經濟負面變化的影響，在經濟景氣時表現較好，而在經濟蕭條時表現較差。同時還發現小公司效應主要在一月，且在經濟擴張和收縮期都存在，然而風險也更高。

其實，市場有效性是一個很好的假設，正如其他經濟模型是對經濟狀況的一個很好的簡單描述那樣，它是對股市狀況的一個很好的簡單描述。檢驗市場有效性的構成主要是尋找某個均衡模型或資產定價模型的過程，並通過定價模型，檢驗有關信息是否合理地反應在股價的變動中。因此，如果發現股票的收益率有異常現象，那麼我們可以說，也許是市場有效性不成立。但是，也可能是研究者採用的定價模型不理想。異常收益的研究加深了我們對市場收益行為的認識，也使我們認識到對於市場有效性

的研究，應當把主要的注意力放在實際序列和股價收益率的相關性研究上來。這樣，我們就可以從不斷地判斷市場是否有效的論證圈子裡走出來，可以更深入地研究這個市場的運行特點和規律。應當看到，所謂股市中的異常收益的存在是市場本身運行的內在反應，通過對異常收益的研究，可探索市場運行的規律。由於不同發展階段的證券市場，其異常收益的表現會不同，比較不同市場異常收益的異同，可以幫助我們更好地認識市場的特點，以及市場運行背後的規律，而這也許與市場是否有效是同等重要的。

9.3 有效市場假說的意義

9.3.1 理論意義

有效市場假說的理論意義在於提高證券市場的有效性，根本問題就是要解決證券價格形成過程中在信息披露、信息傳輸、信息解讀以及信息反饋各個環節所出現的問題，其中最關鍵的一個問題就是建立上市公司強制性信息披露制度。從這個角度來看，公開信息披露制度是建立有效資本市場的基礎，也是資本市場有效性得以不斷提高的起點。

9.3.2 實踐意義

(1) 有效市場和技術分析。

如果市場未達到弱式下的有效，則當前的價格未完全反應歷史價格信息，那麼未來的價格變化將進一步對過去的價格信息做出反應。在這種情況下，人們可以利用技術分析和圖表從過去的價格信息中分析出未來價格的某種變化傾向，從而在交易中獲利。如果市場是弱式有效的，則過去的歷史價格信息已完全反應在當前的價格中，未來的價格變化將與當前及歷史價格無關，這時使用技術分析和圖表分析當前及歷史價格對未來做出預測將是徒勞的。如果不運用進一步的價格序列以外的信息，明天價格最好的預測值將是今天的價格。因此在弱式有效市場中，技術分析將失效。

(2) 有效市場和基本分析。

如果市場未達到半強式有效，公開信息未被當前價格完全反應，分析公開資料尋找誤定價格將能增加收益。但如果市場半強式有效，那麼僅僅以公開資料為基礎的分析將不能提供任何幫助，因為針對當前已公開的資料信息，目前的價格是合適的，未來的價格變化與當前已知的公開信息毫無關係，其變化純粹依賴於明天新的公開信息。對於那些只依賴於已公開信息的人來說，明天才公開的信息，他今天是一無所知的，所以不用未公開的資料，對於明天的價格，他的最好的預測值也就是今天的價格。所以在這樣的一個市場中，已公布的基本面信息無助於分析家挑選價格被高估或低估的證券，基於公開資料的基礎分析毫無用處。

(3) 有效市場和證券組合管理。

如果市場是強式有效的，人們獲取內部資料並按照它行動，這時任何新信息（包括公開的和內部的）將迅速在市場中得到反應。所以在這種市場中，任何企圖尋找內部資料信息來打擊市場的做法都是不明智的。在這種強式有效市場假設下，任何專業投資者的邊際市場價值為零，因為沒有任何資料來源和加工方式能夠穩定地增加收益。對於證券組合理論來說，其組合構建的條件之一即是假設證券市場是充分有效的，所有市場參與者都能同等地得到充分的投資信息，如各種證券收益和風險的變動及其影響因素，同時不考慮交易費用。但對於證券組合的管理來說，如果市場是強式有效的，組合管理者會選擇消極保守型的態度，只求獲得市場平均的收益率水平，因為區別將來某段時期的有利和無利的投資不可能以現階段已知的這些投資的任何特徵為依據，進而進行組合調整。因此在這樣一個市場中，管理者一般模擬某一種主要的市場指數進行投資。而在市場僅達到弱式有效狀態時，組織管理者則是積極進取的，會在選擇資產和買賣時機上下功夫，努力尋找價格偏離價值的資產。

(4) 有效市場的三種形式和證券投資分析有效性之間的關係如表 9.1 所示。

表 9.1　　　　　　　　市場有效性與投資分析的關係

	技術分析	基本分析	內幕消息	組合管理
無效市場	有效	有效	有效	積極進取
弱式有效	無效	有效	有效	積極進取
半強式有效	無效	無效	有效	積極進取
強式有效	無效	無效	無效	消極保守

國家圖書館出版品預行編目(CIP)資料

投資管理 / 蒲麗娟、侯慧潔 主編. -- 第一版.
-- 臺北市：崧燁文化，2018.09

　　面　；　公分

ISBN 978-957-681-606-2(平裝)

1.投資管理

563.5　　　　107014593

書　名：投資管理
作　者：蒲麗娟、侯慧潔 主編
發行人：黃振庭
出版者：崧博出版事業有限公司
發行者：崧燁文化事業有限公司
E-mail：sonbookservice@gmail.com
粉絲頁　　　　　　網　址：
地　址：台北市中正區重慶南路一段六十一號八樓815室
8F.-815, No.61, Sec. 1, Chongqing S. Rd., Zhongzheng Dist., Taipei City 100, Taiwan (R.O.C.)
電　話：(02)2370-3310　傳　真：(02) 2370-3210
總經銷：紅螞蟻圖書有限公司
地　址：台北市內湖區舊宗路二段121巷19號
電　話：02-2795-3656　傳真：02-2795-4100　網址：
印　刷：京峯彩色印刷有限公司（京峰數位）

　　本書版權為西南財經大學出版社所有授權崧博出版事業有限公司獨家發行
　　電子書繁體字版。若有其他相關權利及授權需求請與本公司聯繫。

定價：250 元
發行日期：2018 年 9 月第一版
◎ 本書以POD印製發行